字解きで学ぶ仏教語

《はじめに》　『一字は多義なり』

「お経」は言うまでもなく仏さまの説法であり、私たちの生き方を清く正しい道に導く教科書でもある。しかしながら誰しもお経に対して、抵抗感をもっているようだ。そのわけは「お経が漢字ばかりで難しく解りにくい」らしい。

私は高校生のとき父親に「漢文のお経をもっとやさしい日本文に書き直してはどうか」と愚問を発した。すると父親は即座に「一**字者多義也**」と紙切れに書き、「お経の漢文は一字一字に、量り知れない深い意味がある」と諭してくれた。

ところで今から十年ほど前、私は法友と〝お経の道〟とも称されるシルクロードの旅に出、中国ウイグル自治区の「庫車」（クチャ）を訪ねた。そこは『仏説阿弥陀経』の漢訳者、鳩摩羅什三蔵法師の誕生地である。そこで私は現地の添乗員から梵語（サンスクリット）経典から漢訳されるまでに至るご苦労話を聞かさせていただいた。その苦心とは翻訳が単なる音訳にとどまらず、字源の表意に基づく漢訳に心骨を注がれたことであった。

このたびは、お聖教によく用いられる仏教語を抽出して、〝絵解き〟ならぬ〝字解き〟で解りやすく学んでみることにした。そしてお経がただ呪文でしかなかったのを、少しでも字義を理解し、読経に親しんでもらえるよう筆を執った次第である。

《 凡 例 》

〈字義〉—①【常用漢字】
②（旧漢字・古字・本字）
③音読＝カタカナ表記
④訓読＝ひらがな表記
⑤部首＝漢字の字画構成と分類
⑥字形＝造字の形や種別
⑦意味＝文字から味わう語の解釈
⑧解字＝字源の成り立ちを分析解明

〈法義〉—お聖教などの仏教語を字源に基づいて字解きし、わかりやすく説明した法話。

※（おことわり）引用した文語文を読みやすくするため、あえて歴史的仮名遣いは現代仮名遣いに、かな文字を漢字に置き換えられるものは書き改めた。

目次

〈二〉「**法宝**」＝おしえ

〈三〉「**僧宝**」＝つとめ

〈一〉「仏宝」＝さとり

解字 1【仏】(ぶつ)＝煩悩を取り払われたお方

〈字義〉―①【仏】②(佛)③ブツ・フツ④ほとけ⑤にんべん(イ)⑥会意文字⑦ほとけ・真理を悟った人・覚者・梵語ブッダの音訳(仏陀)⑧旧漢字「佛」は部首にんべん(イ)と、旁の音符「弗」(フツ)とで成る。「弗」の「弓」は捻じれている紐と二本の棒とで成る。この棒は弓なりに反り返るバネを示し、そのバネで捻じれ絡まった紐をはね返し、解きほどく象形文字である。

〈法義〉―【佛】は単に「フツ」の音訳であり、それが定説であること百も承知している。ただしここでは敢えて類字や分解による意味を参考にすると、「捻じれ絡まった紐を、はね返すバネで解きほどいた人」と意訳される。実は旁の「弗」を用いた類字に「拂」(払)がある。「弗」に部首てへん(扌)が付くと〃手ではらいのける〃とか〃手で取り除く〃という意味になる。その意を「佛」に当てはめると、「仏さまは捻じれ絡まった迷いの煩悩を、取り除き払いのけられたお方」と味わうことができる。つまり【佛】とは「悟りを開かれたお方」であり、「真理に目覚められたお方」・「覚者」なのである。こうした煩悩を〝取り除き・取り払う〟類義語が、本書で抽出した仏教語にもいくつか見られる。それらを次に列挙して簡単に触れておこう。なお詳しいことは後述するので参照していただきたい。

「慧」＝箒を手に持って心を掃き清める。
「悲」＝心の中を大きく開き取り除く。
「歸」＝心を掃き清め先人の歩まれた足跡に従う。
「掌」＝胸に手を当て心の中を分散させる。

いずれの文字も共通して、汚れた心の埃を取り除く意味で用いられている。年末になると各寺院では「御煤払」（おすすはらい）が行われる。その行事では御堂に一年間たまった塵埃（ちりぼこり）が取り払われる。毎年全国から多数の門信徒が上山し、そのご奉仕を縁として心の掃除に励んでいる。その様子は年の瀬の恒例行事として、マスコミで報じられている。そこには手拭を頬被り、タスキ掛けでマスクし、長くしなった竹棒を両手に持ち、畳を叩いている姿が映っている。実は障子や窓枠の桟の埃を払う用具を叩き（はたき）という。「叩」は部首「口」と音符「卩」（コウ）とで成る。旁の「卩」は頭を地面に突けてひざまずく姿で、「口」は頭を地にたたく音を表す。つまり、御煤払で叩く格好は、まさに心も清浄にして仏前にぬかずく姿と同じである。

さて**【仏】**は元来梵語の音訳「仏陀(ブッダ)」の略語である。語釈は〝覚者〟とか〝智者〟と訳され、煩悩を断って悟りの境地に達し〝目覚めたお方〟を意味している。そのお方は幼名シッダールタ太子と申し、出家してゴータマ沙門として苦行された。太子は三十五才のとき真理に目覚めゴータマ仏陀と成り、〝釈迦牟尼仏〟と称された。お釈迦さまはインドのシャーカー族の聖者で、世間から尊敬され〝釈迦牟尼世尊〟略して〝釈尊〟と呼ばれていた。悟りを開かれた後は、四十五年という長い間ずっと説法の日々を積み重ねられた。

しかしながらお釈迦さまは覚者になられるまで、苦悩に苦悩を重ねられた。そうした迷いの生活は富や権力や争いなど、欲望と執着による煩悶の日暮らしであった。釈尊はこの世の苦悩が「生老病死《しょうろうびょうし》」の**四苦**と、「愛別離苦《あいべつりく》」（愛する人と別れる苦）・「怨憎会苦《おんぞうえく》」（恨み憎む人と出会う苦）・「求不得苦《ぐふとっく》」（物質的な欲望に不足を感じる苦）・「五蘊盛苦《ごうんじょうく》」（精神的肉体的なものに執着する苦）の

八苦だと気付かれた。そして釈尊はこれらの四苦八苦を取り除くにも取り払えず、一生着いて離れない「煩悩具足」と目覚められた。釈尊はこの止むことのない煩悩を〝渇愛《かつあい》〟（のどの渇き）とたとえられた。それは海上で難破した船員が、のどの渇きを潤そうと、海水を飲めば飲むほど渇きが増すのと同じように、欲望や不満が積もれば積もるほど増加し、深く心を迷わすものであった。釈尊は煩悩から断ち切れない衆生凡夫を救う手立ては、はからい持たず仏さまにおまかせする以外にないと目覚められたのである。

【仏】のフルネームは「阿弥陀仏」と申し、梵語「アミターユス」・「アミターバ」の音写である。「ア・ミター・ユス」は「ア」（阿）が英語のunにあたる打消しで「無」と漢訳され、「ミター」（弥陀）も英語のmeter（メーター）やフランス語のmetreの「計る」と同義で「量」と漢訳し、「ユス」（仏）は「命」の意で「寿（命）」を示し、合わせて「無量寿」と漢訳されている。つまり「量りしれ無い永遠の命」・「限りない命」が【仏】さまの意訳である。また「ア・ミター・バ」は「バ」の原義が「光」を意味し、合わせて「無量光」と漢訳されている。その量り知れない〝光〟も【仏】であり、法身のおはたらきなのである。

親鸞聖人は法身のお姿を『唯信鈔文意』で「**――法身と申すは色もなし形もましまさず、しかれば心も及ばず、言葉も絶えたり――**」と示され、肉眼で認識できないお方と仰せである。**【仏】**は「三身仏」と称され、①**法身仏**《ほっしんぶつ》（色も姿形もない真理の法による仏さま＝真如）②**報身仏**《ほうじんぶつ》（衆生を救うため形として現れた仏さま＝阿弥陀仏）③**応身仏**《おうじんぶつ》（人間の姿形になって世に出られた仏さま＝釈迦牟尼仏）と説明されている。つまり仏さまは法蔵菩薩として修行され、真理を悟った法のはたらきとして阿弥陀仏の形と成られ、迷える私たちの前に現れていてくださるのだ。

私たち衆生は「罪悪深重の凡夫」・「煩悩具足の凡夫」と言われている。迷いの世界で心の中は、いつも複雑に絡まっている。それは捻じれた苦悩の紐でまつわり付いている。その紐は言わば煩悩の横糸である。私たちはこの横糸を断ち切ろうとしても断ち切れない凡夫である。親鸞聖人は『正信偈』で「**不断煩悩得涅槃**」と示され、迷いの煩悩を断ち切らずとも、涅槃のさとりを得ることができる、と仰せである。**【仏】**さまは煩悩を断ち切れずもったままの私たちのために、等しく救わずにおれぬと、四六時中おはたらきくださっている。この煩悩を取り払われ悟りを開かれたお方、それが**【仏】**さまなのである。

解字

2 【名号】（みょうごう）＝ 心の闇にひびく大きな声

〈字義〉— ①【名】②（ ）③ミョウ・メイ④な⑤くちへん（口）⑥会意文字⑦呼び名・名前・名乗る・名付ける⑧「名」は部首「口」と音符「夕」（メイ＝「冥」）とで成る。「夕」は三日月を表し、「口」と共に象形文字である。「名」とは夜うす暗くなった夕闇に、お互い自分の居場所を相手に知らせるため、思わず口から出た名のり声である。

— ①【号】②（號）③ゴウ・コウ④さけ—ぶ⑤くちへん（口）⑥形声文字⑦大声で呼ぶ・泣き叫ぶ・呼び名・合図・しるし⑧旧漢字「號」は「号」と「虎」とで成る。「号」は「口」と上につかえて曲がる指示文字「丂」（コウ）である。「号」の音符は「哮」（吠える）に通じ、虎が大声で叫ぶことである。

つまり【名號】とは、「虎」が口を開けて天に届くぐらい甲高い声で吠えるところから、暗闇に大きな声で叫び相手に知らせることである。

〈法義〉— 解字によれば【名号】は、この目に「南無阿弥陀仏」の名を知らしめるだけでなく、強い響き声で相手に気付かせるはたらきを伴うようだ。そこで聴覚にも響き知らしめる、もともとの事例を次にあげてみることにしよう。

近年、街角の一般交差点には必ず〝信号機〟が設置されている。その目的は往来する車両や人に対し、交通規制と安全を注意喚起させるためである。言うまでもないことだが、赤信号（危険＝止まれ）黄信号（注意＝待て）青信号（安全＝進め）の三色は、人間の視覚を通して知らせている。しかし「信号」とは言え、聴覚で感知させるものがなくなっている。それはもはや〝大きな叫び声〟である旁の「虎」が欠け、本来の字義が失われている。つまり旧漢字から新漢字に変わって生じた欠落の結果である。

元来、信号機が設置された当初は、鉄道の踏切であったことにさかのぼる。今でも踏切では、確かに二個の赤電球が左右交互に点滅し、連動して「カン♪カン♪カン♪」と鈴型をした鐘が大きな音を立てて鳴り響いている。その大きな音は横断する者の聴覚に警告しているのだ。そう言えば、近ごろ横断歩道に、視覚障害者用の〝音声シグナル〟が設置され、しばしば耳にするところである。やはり「信号」は目と耳の両方に危険注意を感知させると共に、渡っても良いと安全・安心を信用させるものなのだ。だから信号の「号」（號）もこれしかりである。今さらながら「虎」の付いた【號】の成り立ちと妥当性がよく理解できる。字源のもつ本来の意味を甦らせるためにも、信号設置個所に警報器を復活させてもらいたいぐらいだ。だから【名号】も仏さまの御名を意味するだけでなく、大きなお呼び声となって届く仏名であるといただきたいものである。

一方『道路交通法』の「法」は、人間社会の規範を守る正しい教えである。また『仏法』の「法」も、仏さまの説かれた正しい教え〝おみのり〟である。その「法」は私たちに正しい道を安心して信用させるものである。【名号】もまた同じく仏さまの〝安心せよ〟〝我にまかせよ〟と信心をいただくお呼び声なのである。旧漢字の【名號】とは聴聞する私の耳を通し、心にまで響き覚ます大きな〝お呼び声〟だったのだ。その声は迷いの暗闇に轟きわたり、濁悪な心を清浄に導き、喚起させるおはたらきである。同時に迷える衆生を分け隔てなく必ず救うぞとの大きなお呼び声と味わわせていただきたい。

親鸞聖人は『一念多念文意』の著書で、「―**聞其名号と言うは、本願の名号を聞くとのたまえるなり**―」と仰せられている。その文意は「お名号を聞くということは、阿弥陀さまが迷える苦悩の衆生を救うために、四十八の願いを立ててくださった〝本願〟のおいわれを聞くこと」である。つまり【名号】とは〝南無阿弥陀仏〟の御名を称えると共に、お念仏のおはたらきを聴かせていただくことなのだ。このように私たち聞法者は、あらゆる法会・仏事などのご縁で聴聞し、「**ナマンダブ・ナマンダブ…**」と大きな声で称名念仏し、お念仏をよろこぶ身にさせてもらわねばなるまい。昨今、仏前はもとよりお寺の本堂ですら「**ナマンダブ・ナマンダブ…**」のお念仏が聞こえなくなってきた。以前は聞法道場のみならず、食卓でも各々の口から漏れ聞こえたものだ。〝南無阿弥陀仏〟の名号は、私たちに〝いつでも・どこでも安心せよ、まかせよ〟との大きなお呼び声である。そのお呼び声は迷える衆生凡夫を〝はからい持たず、みな等しく分け隔てなく必ず救うぞ〟と、心の暗闇に念仏となって響く大きな声、それが【名号】なのである。

解字　3【本願】(ほんがん)＝救わずにおけぬ仏の願い

〈字義〉―①【本】②(一)③ホン④もと⑤きへん(木)⑥指事文字⑦根本・基・初め・書物⑧「本」は木の根元に、横棒のしるし「一」を付けた文字である。

―①【願】②(一)③ガン④ねが-う⑤おおがい(頁)⑥形声文字⑦願い・思う・望む・頼む⑧「願」は部首「頁」と音符「原(ゲン)」とで成る。「原」の旧字「原」は崖を示す「厂」と、そこから流れる「泉」との組み合わせで「源」に通じている。「頁」はひざまずく足の上に、大きな頭をのせた形である。主に頭部に関する文字「額・顔・頂」等に用いられる。

　つまり【本願】とは、「大きな頭で考えに考え抜かれた根本のねがい」である。

〈法義〉―指事文字は、ある事実を指し示す文字のことである。それは「木」に印す横棒の位置によって、意味用法が異なるのだ。象形文字の「木」の上部に印を付けると「末」に、中間に印を付けると「朱」に、下部に印を付けると「本」になる。「朱」は木の中ほどで断ち切るので「切り株」を意味し「株」の原字である。「末」は梢を意味し枝の末端部分であるところから、転じて〃重要でない部分〃を表す。その逆で「本」は根元であるところから〃大切な部分〃と使い分けている。その用例として「本来・本義・本家・本分・根本」などがある。不注意で印の上下を誤ると〃本末転倒〃になってしまう。これは本来先に成すべきことを後回しにし、重要な事柄とそうでないことと逆転してしまうことを戒めた四字熟語である。漢字の成り立ちは実によくできたものである。

　ところが、仏と衆生との主客が逆転した、まさしく本末転倒な誤用例をあげてみよう。近年「他力本願」の誤用が跡を絶たず、大変危惧するところである。その不見識は産業界や政財界や教育界まで波及し目立っている。中でも学校図書や国語辞書の誤った転用記述が悔やまれてならない。

たりき－ほんがん「他力本願」＝①阿弥陀仏の本願。また、衆生がそれに頼って成仏を願うこと。②転じてもっぱら他人の力をあてにすること。

『広辞苑』より

この機会にあらためて「他力本願」の本義を正しく味わっておこう。そのためにはまず「他力＝本願」・「他力即本願」だと念頭においておきたい。つまり「他力」と「本願」は別々でなく、また「他力」は「本願」の修飾語でもない。なぜなら「他力」は「仏力」であり、「仏力」は「本願力」であるからだ。だから救わずにおれぬと願いをかけてくださっている仏さまが主であり、決して衆生の客が願うものでないのだ。いわんや私たちがまるで他人任せのように〝負んぶに抱っこ〟などと解するのは、とんでもないことである。衆生凡夫である私たちは自ら仏に成れない無力を自覚し、ただただ仏さまのかけてくださる願いに、一切はからいもたずおまかせするのである。

ところで【本願】とは「本誓願」の略語である。「誓願」は『仏教辞典』によると、「**仏・菩薩が必ず成し遂げようと願い定めた誓い**」とある。その最も重要なる根本の誓願とは、仏さまが私たち衆生を必ず往生即成仏させようとする誓いである。その誓いは煩悩の迷いで無明の闇にいる私たちを、黙って見過ごせない仏さまの願いである。だから『広辞苑』の①「衆生がそれに頼って成仏を願うこと」は自力のはからいである。また②のように決して他人事のように当てにするべきものでない。仏さまの救わずにおれぬ願いは、あらゆる人々を分け隔てなく、みな平等にそそがれることを根本においている。【本願】の「本」が指事文字の根元に位置するように、ここが重要かつ基本となる部分である。

『正信偈』には「**五劫思惟之摂受**」と示され、五劫というとてつもない長い時間考えに考え抜かれた救いの願いである。だから【本願】とは「まったく揺るぎのない根本の願い」「無条件で救う基本の願い」という、仏さまからのいただきものである。いただくという「頂」の漢字は、釘の頭を象形した↑「丁」と、ひざまずく人の大きな頭部を表す「頁」とで成る。つまり「いただく」とは頭が身体のいちばん高い所に位置するところから「最高」の意味を表わす。その最高のいただきものは救わずにおけぬ仏さまの願い、それが【本願】なのである。

解字 4【弘誓】(ぐぜい) ＝ 広大無辺なる救いの誓い

〈字義〉―①【弘】②(　)③グ④ひろ―い⑤ゆみへん(弓)⑥形声文字⑦広い・弘める⑧「弘」は部首「弓」と音符「ム」(コウ)とで成る。「弓」は象形文字と、「ム」は弦を張る時に構えた肘の形である。弦を引いた脇の空間が大きく開くところから〝ひろい〟意になった。実は肘の旧漢字を「肱」と書くように、「広」(かいな)が本字である。また「ム」は指事文字を示し、物を囲むさまを表す。つまり投網を広げた時のように、広く包み囲む意味をもっている。あるいは、弓の弦を強くはじいた時に出る音響が〝広まる〟という説もある。この同音異字に、手で押し広げる「拡」、屋根を広く張る「宏」があり、共通して〝ひろい〟意味を有している。特に「弘」は心や道徳が広いことに関して用いる文字である。だから「弘」は、あらゆるものを包み囲む心の広さから、懐広く度量の大きいことを表す文字である。

―①【誓】②(　)③セイ④ちか―う⑤ごんべん(言)⑥形声文字⑦誓い・契り・約束すること⑧「誓」は部首「言」と音符「折」(セイ)とで成る。「言」

はことばを表す。「折」の本字は「屮屮斤」で、「斤」（おの）の形𠂆と切断された草木を表す屮屮とで成る。「折」を用いた類字には、①中をとって決める「折衷」②判断して決める「断定」③道理を決める「哲学」④約束を決める「誓約」などがある。これらの文字は、いずれも一度分析してから決定する点で、「いったんバラバラに分断し、後で一緒にまとめる」類語である。

　つまり【弘誓】とは、この世に存在する千差万別の生きとし生けるものを、最終的に広く包み囲んで必ず救うと決めた誓いである。

〈法義〉――蓮如上人五百回御遠忌を機縁に、東本願寺で〝**バラバラでいっしょ**〟という法要テーマが掲げられた。それは法要後もしばらく門前に掲示され、往来する人々の目に長く留まっていた。この法語は一見すると抽象的で意味解釈に戸惑ってしまいそうだ。しかしこのテーマには【弘誓】の深い意味が包含されている。この短いフレーズには「迷いの世界は皆さまざまな違いを有し**バラバラ**であるが、悟りの世界は皆平等に救われていく所であるから**いっしょ**」という意味が込められている。この娑婆世界では人種差別・身分差別・上下優劣など、人間関係が複雑にまつわりついている。けれども浄土の世界では老若男女・貴賤

解字　4【弘誓】(ぐぜい)＝広大無辺なる救いの誓い

貧富・善人悪人を問わず、みな等しくいっしょである。〃**バラバラでいっしょ**〃はまさに仏さまの等しく救うおはたらきを表現したものだ。『仏説阿弥陀経』には「**倶会一処**《くえいっしょ》」と記されている。その意味は「この世の誰もが浄土に往生すれば、一つ所で共に等しく会える」ということである。

随分古い例であるが、昔、宴席でよく『お座敷小唄』として「**富士の高嶺に降る雪も、京都先斗町に降る雪も、雪に変わりはないじゃなし、解けて流れりゃみな同じ♪♪**」と歌われた。この本歌は作者不詳であるが「**雨あられ雪や氷と隔つれど解けて流るる谷川の水**」と言われている。その歌意も**バラバラ**であっても最後は皆**いっしょ**になるという点で、【弘誓】の字義に通じている。

もう一つ事例を挙げると、仏さまが分け隔てなく皆**いっしょ**に救わずにおれぬと願われているおはたらきを、つぎのように〃母乳〃で喩えられている。

①「**転苦成甘**《てんくじょうかん》」（母乳は親の口から入った食物の味が苦い・辛い・酸っぱいものも転じて、みな赤ちゃんに程よい甘さに成っている。）

②「**寒暑同一**《かんしょどういつ》」（母乳の温度は冬寒く夏暑くても、一年四季を通して同じである。）

③「**転色同白**《てんしょくどうはく》」（母親の食べ物が赤・緑・黄と色の異なるものであっても、み

な同じ白色に転じてお乳が出てくる。）

これらも皆**バラバラ**であって皆**いっしょ**になることを意味し、親さまの広い包容力がよく表れている。

【弘誓】の字解きに示される通り、仏さまのお目当ては善人悪人を問わず、分け隔てのない平等である。そして「必ず救うぞよ・われにまかせよ」という広大無辺の誓願なのである。

では、「誓願」とはどのような願いなのか。「セイガン」の同音異義語である「請願」と比較しながら、本来の意味を深く考えてみることにしよう。「請願」とは〝請い願う・願い出る〟という意味で、手前から相手に対して求め頼むことである。その願いは主に国民が国会・地方議会・官公庁などに向けた狭い限られた範囲で用いられる。

それに対し「誓願」は、救わずにおれないと仏さまから衆生に差し向けてくださっている広い願いである。つまり相手側から手前の方に向けられていることと。そしてその願いは、私たちを安心させるゆるぎない誓いである。仏教用語の「誓願」は、衆生を救わずにおれないという願いが、同時に誓いとなって定まったものである。だから私たちを広く救ってくださいと願わずとも、仏さまの方から誓って既に願っていてくださるのである。『仏教辞典』にも【弘誓】は「**一切の衆生を済度して、仏果を得しめんとする広大な誓願**」と解釈されている。

さて【弘誓】の二字は、もともと四字熟語「四《し》弘《ぐ》誓願《ぜいがん》」の略語である。「四弘誓願」とは菩薩の発する次の四つの誓いを言う。

①「**衆生《しゅじょう》無《む》辺《へん》誓願《せいがん》度《ど》**」(世の人々は限りなく多いが、誓ってすべての人々をさとりの彼岸へ渡したいという誓い)

②「**煩悩《ぼんのう》無《む》尽《じん》誓願《せいがん》断《だん》**」(煩悩は尽きることなく生まれ出るが、これを断ち切りたいという誓い)

③「**法門《ほうもん》無《む》量《りょう》誓願《せいがん》学《がく》**」(仏の教えは量り知れないほど広大なものであるが、誓ってこれを学び尽くしたいという誓い)

④「**仏道《ぶつどう》無《む》上《じょう》誓願《せいがん》成《じょう》**」(仏の道も限りなく遠く奥深いものであるが、誓ってこれを成就したいという誓い)

この四つの誓いは、菩薩がこの世のすべての人々を残らず救われるまで、自分は仏にならないとの誓いを述べたものであり、菩薩の広大で深遠な願いを具体的に示したものである。

親鸞聖人の弟子唯円坊は「誓願」について、『歎異抄』で阿弥陀仏のおはたらきを味わっておられる。

「**弥陀の誓願不思議に助けられまいらせて、往生をば遂ぐるなりと信じて、念仏申さんと思い立つ心の起こる時、すなわち摂取不捨の利益にあずけしめたもうなり**」

（訳）―阿弥陀仏のお立てになった誓いの不思議な力によりお助けをこうむって、浄土に往生することができると信じて、お念仏を申し上げようという思いが起こる時、ただちに阿弥陀仏は大いなる慈悲の光の中に私を摂め取り、決して離さないというお恵みにあずからしてくださっている。

このように仏さまは煩悩で迷い苦しむ私たち衆生を、分け隔てなく皆平等に救わずにおれないと願われている。そしてその願いには必ず救い摂って決して捨てないとの固い誓いがある。私たちはその誓いを何のはからいも持たず、心から信ずることのできる願いといただいている。信心は救いのお呼び声である〝**ナマンダブ・ナマンダブ**〟のおいわれを素直に聴かせていただくことである。仏さまの御名を頂戴させていただくことは、慈悲と智慧のおはたらきを賜わることである。仏さまは私たちを広い腕（かいな）で、やさしく抱え込むように救い摂ってくださる。そして逃げる者をも追わえ決して離さない、広大無辺なる救いの誓い、それが【弘誓】なのである。

解字

5【摂取】（せっしゅ）＝逃げる者も追わえ取る救い

〈字義〉―①【摂】②(攝)③セツ・ショウ④と―る・か―ねる⑤てへん（扌）⑥形声文字⑦摂る・助ける・収める・取り囲む⑧旧漢字の「攝」は部首手へんと音符「聶」（ショウ）とで成る。「聶」は三つの耳が互いに寄せ合って〝ささやく〟ことを表し、「囁」の原字でもある。慣用句の「耳を揃える」は〝すべて〟の意で用いるように、「扌」が付くと手ですべてそろえ持つ意を表す。

―①【取】②（　）③シュ④と―る⑤また（又）⑥会意文字⑦取る・手に入れる・助けとする⑧「取」は部首の手を表す「又」と「耳」の形とで成る。意味は「手で耳をつかむ」ところから〝取る〟となった。また捕虜や捕獲したものを数えるため、耳を切り取り手に入れたので「取る」ともなった。

なお「摂」の熟字用例には、

①「摂狩」（せつりょう）＝獲物を追って捕まえること。

②「摂政」（せっしょう）＝代わって助け政治をおさめること。

などがある。このように「摂」は〝追わえとる・助けおさめる〟という意で用いられている。

つまり【摂取】とは、いくつもの耳がバラつかないよう手で集めるところから全部残らず〝おさめとる〟意になった。

〈法義〉――【摂取】は取りも直さず仏さまのおはたらきであり、そのお姿そのものである。解字1【仏】の項で触れたように、仏さまは「法身仏」と言い、本来色も姿形もない真如である。しかし私たち衆生を救うために「報身仏」となり、形として現れた仏さまが阿弥陀仏であった。そこで阿弥陀仏のおはたらきを顕著に表したことばに「立撮即行《りっさつそくぎょう》」がある。直訳すると「立ったまま救い撮ろうとして即刻行動する」という意味である。実は絵像では判別しにくいのであるが、木像の仏さまは側面から拝見すると、確かに少し前かがみになっておられ、今にも第一歩を踏み出そうと、行動を直ちに起こす立像になっておられる。この中で用いられた「撮」は、【摂】【取】と同訓異字であるが、実像をありのまま写し撮ることである。それは被写体である私たち衆生をそのまま救い撮ることを意味する。「撮」は別語で〝真写し〟とも言い、煩悩具足のありのままの姿を写し、見捨てずにそのまま救い摂る意を表している。

ここで「座像」と「立像」の違いを補足説明しておこう。「座像」は修行して煩悩を消滅させる、さとりの〝静〟のお姿を表している。それに対し、「立像」は迷える者を救わずにおれないというおはたらきの〝動〟のお姿である。したがって、真宗では立像の阿弥陀如来をご本尊として安置している。

『仏説観無量寿経』の第七華座観にも、「釈尊が説法されている時、無量寿仏空中に住立し、阿弥陀仏のお姿となって現れた」と説かれている。やはりこれは迷える衆生を座視しておられず、今すぐにでも救わずにおれぬと前かがみで立っておられることを示している。

ところで阿弥陀仏の【摂取】のおはたらきは立像のお姿だけでない。つぶさに両手を拝見すると、十指で形を結んでおられる。これを「印相」と言い、手の形によって仏像の種類やおはたらきを見分けることができる。真宗の仏さまは、右の掌（てのひら）を前に向け右肩前に上げ、拇（おやゆび）と第二指とで輪をつくっておられる。また左手も同様に輪をつくりながら掌を前に向け、静かに下へ垂らしておられる。実はこの右手の印相を「施無畏印《せむいいん》」と言い、迷える衆生の畏れを取り除いて救うはたらきを示す。左手の印相は「与願印《よがんいん》」と言い、迷える衆生に慈悲を与えている形を表している。そしていずれも掌を外側に向けているのは「施与《せよ》の印《いん》」と申し、他力回向の仏意を表したものである。真宗では特に両手を総合した印相の形を「摂取不捨印《せっしゅふしゃいん》」と呼んでいる。

さて親鸞聖人は【摂取】の読みを左訓として、「**ひとたびとりて永く捨てず、もの逃ぐるを追わえとるなり。摂はおさめとる、取は迎えとる**」と示しておられる。すなわち【摂】を〝おさめ摂る〟、【取】を〝むかえ取る〟と解しておられる。つまり阿弥陀仏は一度摂取したならば、逃げ惑う者も追い掛け全て漏らさず救いとられる。それは「摂取不捨」で慈悲のおはたらきを表したものだ。やはり『仏説観無量寿経』にも「**光明遍照　十方世界　念仏衆生　摂取不捨**」とあり、「阿弥陀如来から発する光明は、世の中の隅々まで分け隔てなく照らし、お念仏をよろこぶ衆生を見捨てず、必ず救い摂ってお浄土に生まれさせる」と説かれている。親鸞聖人も『正信偈』で「**凡聖逆謗斉回入　如衆水入海一味　摂取心光常照護**」と示され、「苦悩する者・苦悩を断ち切る者・恩を仇で返す罪深い者・仏の教えに逆らう者、様々な私たちがすべて等しく救われる」と仰せである。それはまるで川の水が大きな海に流れ入って、すべて等しく海水になるのと同じように、仏さまの光明はいつも私たちを分け隔てなく照らし護っている」と味わっておられる。更に「**我亦在彼摂取中　煩悩障眼雖不見　大悲無倦常照我**」と、源信和尚に触れ、「私源信もまた仏さまの必ず救う光明に照らされていながら、煩悩による迷いの目で見ることは出来ない。けれども仏さまの慈悲の光明は、飽きることなく常に私たちを照らしている」と讃嘆しておられる。阿弥陀仏のお姿はいつも迷える衆生の後ろ姿を見捨てないように、慈悲のおはたらきを表している。逃げる者も追わえ取る救い、それが【**摂取**】なのである。

解字

6【功徳】（くどく）＝素直な心で頂く仏の恵み

〈字義〉―①【功】②（　）③ク・コウ④いさお⑤ちから（力）⑥会意文字⑦功（いさお）・技・効き目・手柄⑧「功」は部首「力」と音符「工」（コウ）とで成る。「工」は彫刻刀の鑿（ノミ）⊤↓を表した象形文字である。「工」に腕の「力」が合わさって、工作のすぐれた腕前を〝たくみ〟と言う。「功」は「効」に通じ〝ききめ・はたらき・機能・作用〟の意がある。

―①【徳】②（徳・德）③トク④⑤ぎょうにんべん（彳）⑥形声文字⑦

めぐみ・利益・人格・品性・さいわい⑧旧字「徳」は部首「彳」と、音符「悳」（トク）とで成る。部首の「彳」は行為を示し、旁の「悳」は、上下を二分して逆さ読みすると〝心を直す〟になる。さらに「悳」を細分化すると、「直」の「十」は直角に交差する指事文字で（スグ）と読み〝まっすぐ〟の意である。本字は「目」になっているが、新漢字では横書きにした「罒」で表記している。「乚」は直角に曲がるかぎ型で「かね」と読み〝曲がる〟意である。古語の「かねる」という動詞は〝曲がる〟という意である。以前、蒲鉾の板裏に商標として「かねてつ」を┐てつと焼印が押してあったのを思い起こす。だから「直」は曲がったものを真っ直ぐな目で見るところから〝直す・素直・正直〟という意になった。そして下に「心」を付けた字が「悳」である。

つまり【功徳】とは、曲がった心をまっ直ぐな目で見る、すぐれたはたらきを意味する。

〈法義〉—世間では「あの人は徳のある方」とか「生前功徳を積まれたから極楽に行けた」などと、しばしば耳にする。ただし用法によってはかなり相違するので、次に自力と他力に大別し、その味わい方を比較してみよう。

まず自力聖道門における【徳】は、高額な寄付「財施」をしたり、立派なものを寄進「物施」したり、身命を犠牲にして世のため人のために尽くす「身施」など、善行を積む特別の功労などを指す。その果報として「功徳を積んで成仏した」と言われたりする。いわゆる「ご利益をいただいた」という受けとめ方である。この場合の【功徳】は、もともと四字熟語「功能福徳」の略語である。「功能」とは〝功績〟と〝才能〟で、善い結果をもたらすはたらきから「効能」に通じ、「薬効」と同じ意味で用いられている。そして「福徳」は〝幸福〟と〝徳行〟とで、善行によって報いられた幸福や利益を言い、同時に〝福利〟を意味する。よって自力聖道門の【功徳】は、自分自身が善根を積み、その加護を得るご利益として用いられる。

それに対し、他力浄土門における【徳】は、主体はあくまで煩悩に迷える衆生をただただ救わずにおれぬと、常時おはたらきくださっている仏さまの側にある。他力は易行であり、何の〝はからい〟も持たないのである。一方、自力は難行であり、浄土往生・成仏せんがための〝はからい〟がある。浄土門における私たち衆生は浄土往生の救いと願いを施してくださる仏さまに〝おまかせ〟する以外にないのである。つまり【功徳】は仏さまに主体を置いた救いのおはたらきなのだ。だから、ご利益を望み願う必要性は決してないわけである。むしろ〝はからい〟を一切持たない私たちは、煩悩で曲がった迷いの心を真っ直ぐな目で見直させていただかなければならない。金子大栄師は「**人生のやり直しはできないが、人生を問い直すことはできる**」と諭された。私たちはそのお言葉を深く味わい直したいものである。

ところで【功徳】はお聖教でどのように表現されているのだろうか。『仏説阿弥陀経』には「**極楽国土・有七宝池・八功徳水・充満其中**」と書かれ、極楽浄土の池は七つの宝石で飾られてあり、八つの功徳の水がその中に充満しているという。その「功徳水」を次で詳しく味わってみよう。

①「**澄浄**《ちょうじょう》」（澄んで清らか）＝濁った心をすっきり洗い清める徳。
②「**清冷**《せいれい》」（清らかで冷たい）＝焼け付いた頭脳の熱を冷やす徳。
③「**甘美**《かんみ》」（甘くて美味しい）＝失われた感覚を取り戻す徳。
④「**軽軟**《けいなん》」（軽くて軟らかい）＝固くなった心を解きほぐす徳。
⑤「**潤沢**《じゅんたく》」（酷とうるおい）＝苦しみで渇いた心をうるおす徳。
⑥「**安和**《あんわ》」（なごませる）＝心の不安をやすらぎ和ませる徳。
⑦「**除患**《じょかん》」（飢渇を除く）＝迷いを除き元気を取り戻す徳。

⑧「**増益**《ぞうえき》」（養い育てる）＝心身を正しく養い育てる徳。

これらの「功徳水」は総じて迷いの闇で濁った心を、清らかに取り戻す〝法水〟である。〝法水〟とは煩悩を取り除く、すぐれた徳のある力水なのである。

また同じく『仏説阿弥陀経』には、「**不可思議功徳**」と九回も繰り返し阿弥陀仏の**【功徳】**のおはたらきを讃えている。それは私たちの考え及びつかないお徳である。私たち凡夫は洗面・入浴・飲料として日常茶飯事〝水〟を何気なしに利用している。その無頓着さは水を出しすぎたり、水道栓を締め忘れたりすることの無駄遣いにある。正直申して私たちは自然の恵みである雨水でさえ、日頃ありがたみに感謝すらしていないのではなかろうか。そのような心の汚水に染まった罪深い悪人でさえ、仏さまは正しく導こうと**【功徳】**を施してくださる。

『高僧和讃』には「**罪障功徳の躰となる、氷と水のごとくにて、氷多し、障り多きに徳多し**」と、**【功徳】**を〝氷〟と〝水〟に喩えてある。つまり氷が多ければ多いほど解けた水も多くなる。それと同じように罪障である煩悩が多くある人ほど、多く功徳を施される身になると言うことである。『歎異抄』の〝悪人正機〟説でも同様に、「**煩悩に満ち満ちてどうしても罪障から離れられないで苦**

しむ悪人を阿弥陀仏はあわれんで、善人はもとより悪人こそが極楽往生の救いのお目当てだ」と説いてくださっている。仏さまの救いは、善人はもとより罪深い濁悪な人も等しく当てられているのだ。ここでいう「善人」とは、自ら功徳善根を積んで成仏しようとする人を指している。

このような心の汚れた水は〝濁水〟と呼ばれ、常に迷いの煩悩によって濁っている。それに対し極楽浄土から恵み与えてくださる「功徳水」は、濁った心を清水に変え、「まことに有難い」とか「まことにもったいない」と心の浄化に導いてくれる不可思議な〝法水〟なのである。

こうした【功徳】は〝水〟の他に、「―功徳と申すは名号なり、大宝海はよろずの善根功徳満ちきわまるを海にたとえたもう―」と『一念多念文意』で〝海〟にも喩えられている。『正信偈』にも「帰入功徳大宝海」とあり、仏さまの【功徳】や「名号」を〝海〟のごとく広大無辺だと表現されている。親鸞聖人は『正像末和讃』で「―選択本願信ずれば、不可称不可説不可思議の、功徳は行者の身に充てり―」と、仏さまの【功徳】が人間の思考や言葉で表現できないほど念仏者の身に満ちていると仰せである。【功】はすぐれた本願力の恵み、【徳】は濁悪で曲がった心を直す仏力の恵みである。共にはからい持たず素直な心でいただく仏さまからの恵み、それが【功徳】なのである。

解字　7【光明】（こうみょう）＝心の暗闇に届く明るい光

〈字義〉―①【光】②（灮）③コウ④ひかーる⑤にんにょう（儿）⑥形声文字⑦光る・明るい・大きい・遍く・お蔭⑧旧字の「灮」は燃え盛る炎を象形した「火」と、人の足を示す部首「儿」とで成る。その象形は、人の頭上に光る〝炎〟を表している。

―①【明】②（　）③ミョウ・メイ④あかるーい・あきらーか⑤ひへん（日）⑥会意文字⑦明るい・明らか・灯り⑧「明」は部首「日」と旁「月」とで成る。「日」も「月」も共に太陽とを表す象形文字である。本来「月」自体は光を放つわけでなく、もともと暗い。その暗闇に太陽の光が照ってはじめて明るくなる。

つまり【光明】とは、炎のように人の頭上に照り輝く明るさである。その光は必ず影を生じ、心の闇まで映し出す。だから煩悩の影は、仏さまからの放光によって初めて気付かされるのである。

〈法義〉― 仏さまの【光明】は「無量光」と言い、量り知れない光を放たれるので、肉眼では見えない。なぜなら「智慧」と「慈悲」のおはたらきを表す【光明】であるからだ。だから目視できない衆生のために、木像や絵像によって描写されているのだ。仏典の中には、次の如く具体的に示されている。

①「**身光**《しんこう》」（身体の背面の舟形板に彫刻された、燃え盛る炎）
②「**頭光**《ずこう》」（仏頭の後ろに円を描いた光）
③「**円光**《えんこう》」（円板に輪のような二重の縁取りで描いた光＝「光輪」）
④「**光明**《こうみょう》」（光輪の外側に細い四十八本の放射線状に伸びる光）

このようにすべて金色に輝く【光明】は、仏像の後背より放光されていることから「後光」とも言う。この四十八本は、仏が衆生を救わずにおれぬと誓われた「四十八願」の数を表している。ちょうどこの数は経文に出てくる「十二光」の四倍にあたる。

その十二の【光明】は『仏説無量寿経』や『正信偈』にも記載されているので、次に列挙して、個々のおはたらきを味わってみよう。

①「**無量光**《むりょうこう》」（量り知れない光、過去・現在・未来の時空を超えた光）
②「**無辺光**《むへんこう》」（際限なく届き、果てしなく輝き続ける光）

③「無碍光《むげこう》」(何ものにも遮られず、妨げられない光)
④「無対光《むたいこう》」(対比するものがなく、比べものにならない光)
⑤「炎王光《えんのうこう》」(燃え盛る炎で、苦しみを消滅させる光)
⑥「清浄光《しょうじょうこう》」(汚れがなく清らかで、むさぼりの心を滅ぼす光)
⑦「歓喜光《かんぎこう》」(怒りや妬みの心を滅ぼし、喜びの心に変える光)
⑧「智慧光《ちえこう》」(迷いの心を掃き清め、すべて消滅させる光)
⑨「不断光《ふだんこう》」(絶えず途切れず休まず、照らし続ける光)
⑩「難思光《なんじこう》」(人間の思いや考えでは及びもつかない光)
⑪「無称光《むしょうこう》」(言葉で表現できないほど、ほめつくせない光)
⑫「超日月光《ちょうにちがっこう》」(太陽や月の輝きを超え、心の闇まで届く光)

ところで、親鸞聖人は極楽浄土のことを『正信偈』で〝無量光明土〟と申されている。そこはこの世で量り知れない光明に輝いた所なのである。浄土から照らされる【光明】は、迷いの煩悩を清浄にする光である。この【光明】に対し煩悩に満ち満ちてものごとの真実が明らかでないことを「無明」と言う。それは煩悩によって光に閉ざされた世界で、まさしく何も見えない〝暗闇〟である。実は「暗」も「闇」も視覚でとらえられない状態なのに、いずれにも聴覚の〝音〟の字が入っていることに着目したい。なぜなら【光明】は仏法聴聞によりいよいよ見えてくるからだ。翻して言えば、仏の【光明】が見えないのは肉眼で見ているからだ。このように【光明】はいつも「無明」と対座し、光と影が存在する。その影は無明の煩悩であり、光が当たらなければ映し出されない。明暗を分ける両者は、常に表裏一体となって心のスクリーンに照らし出されるのである。心のスクリーンとは、私たちが胸に手を当てて、日常の精神生活を見直すための心象であろう。

ここで、私がカンボジアへ観光旅行に行った時の反省日誌を紹介したい。一般的に「観光」とは、他の土地の風景や風俗などを見物して楽しむことである。いわゆる〝物見遊山〟と理解されている。ところが帰国後ふと『漢和辞典』で「観光」の語源を調べてみた。すると中国の『易経』にある一文に由来していることが分かった。その書物には「**観国之光、利用賓于王**」（国ノ光ヲ観ルハ、用ッテ王ノ賓タルニ利シ）と記され、「観光とは、その国の王様のすぐれた人徳と、その王による国民の教化の美しさを観察すること」という解釈であった。この謂れからすると、「光」とは国を代表する王様の立派な威光と、心豊かな美しい国民性の輝きなのだ。つまり、国の善し悪しを決める光輝は、国民ひとりひとりの心のもて成しによって放たれるということである。だから「観光」とは訪問先の景色を見るだけでなく、その土地の国民性や精神文化の光輝を自分の心のスクリーンに映し出して観ることなのだ。だから「景色」を「光景」と言われる所以はそこにあるのだ。

ところで、インド洋上に〝真珠の国〟と称される「スリランカ」(旧名セイロン)がある。この国名は何と〝光輝く島〟という意味である。ここは南アジアの東に位置し、隣国タイと共に人口の大半が仏教徒である。国民は古くから代々このセイロン島へ、お釈迦さまが三度も訪ねられたと信じているらしい。現在もお釈迦様の歯を納めている「仏歯寺」が観光名所だそうだ。無論国旗の中にも仏教ゆかりの菩提樹の葉が四枚入っている。その国民性は人懐っこく純粋で優しくおとなしいと、高く評価されている。二〇一〇年の米紙「ニューヨークタイムズ」では、当時世界で最も行ってみたい観光地の第一位に選ばれたという記事が掲載された。

ところが、わずか数年しか経過していないのに、この国の好感度は一変してしまっているらしい。最近同国を訪ねた日本人観光客は、ネットのツイッターで「まったく人情味がなく冷ややかで怖い国」と悪評を呈している。こうした実情を省みると、「観光」の語源を思い直してもらいたいものである…。

『正信偈』には「**摂取心光常照護・已能雖破無明闇・貪愛瞋憎之雲霧・常覆真実信心天**」(仏さまの光明は、いつも救わずにおれぬとの願いで照らし護っておられる。けれども、その光明によって迷いの心の闇が破られているものの、怒り・憎しみ・卑しい心は、まるで雲や霧のように、いつも真実を信ずる心を覆い隠すのだ)と示されている。私たちは梅原真隆師の「**闇を通して光はいよいよひかる**」という法語を尊くいただくことができる。こうした煩悩の暗闇に届く明るい光、それが仏さまの【光明】なのである。

解字

8【浄土】(じょうど) ＝ 仏の居られる清らかな国

〈字義〉― ①【浄】②(浄)③ジョウ・セイ④きよーい⑤さんずい(氵)⑥形声文字⑦清い・綺麗・汚れがない⑧「浄」はもと別体字(正字以外の古字)で「瀞」と書く。「瀞」は部首「氵」と音符「靜」(ジョウ)とで成る。「瀞」は澱んだ水溜りが、川の流れで清く澄む意である。ただし訓読みで「どろ」とも読む。また「瀞」は「清」と「争」との合成だとも言われる。「清」は部首「氵」と「青」とで、青色に澄んだ水であるところから〝きよい〟の意を表す。「爭」は篆字（中国漢代の書体の一種）でと表記し、もも「手」で、は「力」の変形を示す。だから「爭」は上下から手を力任せに引き合うことから〝争う〟意をも表す。「静」の旧字「靜」も、音符「青」（セイ）と「爭」とで成り、絶えず力を入れて引き合う争いが治まり、静かになることを意味する。

—①【土】②（　）③ド④つち⑤つち（土）⑥象形文字⑦土・国・居所・時間・曜日⑧「土」は土地の神を祭るための土盛りの形を表し、「社」（やしろ）を意味する。ただし仏教用語では仏さまの居られる「仏国土」を言う。

つまり【浄土】とは、泥で濁った水が清らかになった所、争いが治まり静かになった所を意味する。

〈法義〉—【浄】の古字がもと「瀞」であったことを字解きで触れた。実はその「瀞」を用いた名所があるので紹介してみよう。吉野国立公園の一部で、和歌山県と三重県をまたがる場所に〝瀞峡〟（どろきょう）と名付けられた景勝地がある。この峡谷に流れる熊野川の水系は、太古の昔から巨大な滝が少しずつ岩をえぐり、滝壺を造る浸食活動の繰り返しで形成され、全長三十一キロに及ぶ。古文書によると以前は〝どろ〟を「泥」と当て字していたが、明治初年に清く澄んだ水溜りから「瀞」に書き改められたらしい。それ以来〝どろ〟の読み方からくる濁ったイメージが解消されたとか。「瀞峡」は改名によって滝壺や川の好感度も高まり、それ以来清く澄んだ川の名勝を象徴することとなったらしい。

この改名は濁悪な国土「穢土」から、清浄な国土【浄土】に生まれ変わることに通じている。それは私たちが濁悪な迷いの世界から、清く澄んだ悟りの世界に往生することでもある。

親鸞聖人は『正信偈』で、【浄土】の別語として「**蓮華蔵世界**」と称されている。それは極楽浄土を咲き匂う蓮の世界に喩えたものだ。そこは蓮の花の存在場所を象徴するように、迷いや汚れから立ち上がる頑丈な蔵を表す。蓮は〝泥中清華〟と称され、川底に沈殿した泥まみれの中から、美しく清らかな大輪を咲かせる花として特徴づけられている。経典や仏画にもよく見受けられる蓮は、煩悩に汚れまみれた濁悪な心を、清浄に変える〝信仰の花〟として尊ばれている。また、蓮の花は〝華果同時〟とも言われる。つまり蓮の花は開いた時すでに芯の所に実を生じている。この喩えは信心の花が開いたと同時に、清らかな【浄土】に生まれる結実を描写したものだ。つまり〝往生即成仏〟を平易に喩えたものである。当寺の先々代が詠じた釈教句に、「**散るときは　浮かぶときなり　蓮の花**」がある。まさに往生即成仏の意をよく表現したものと言える。

仏教語の【浄土】は、もともと四字熟語「清浄国土」の略語である。『仏教辞典』によると「**悪行の過失や煩悩の汚れから離れた国土**」と解釈されている。世間一般で往生する先のことは「極楽」を多用し、逆に【浄土】はあまり常用されていないようだ。そもそも「極楽」を普通語化しているのはどういうわけだろう。それはたぶん欲しいものが何でも手に入り、極めて気楽で楽しい所と直訳的に感じとられているからであろうか。それとも【浄土】と言うことばを平生見聞する法縁に恵まれていなかったせいかも知れない。いずれにせよ「極楽」とは、決して欲しいものが何時でも取得でき、楽天的な気分に浸る欲望的な世界でない。蓮如上人も『御一代記聞書』の中で、「―**極楽をただ楽しむと聞きて参らんと思う人は仏に成らず**―」と仰せである。それは「極楽」をただ文字通りに解釈する者への戒めであろう。

実は親鸞聖人のお聖教に「極楽」の用語がまったく見当たらない。それは『正信偈』で十種類に及ぶ代用語で示されている。どのように表現されているか、次に列挙してよく味わってみたい。

①「**浄土**《じょうど》」＝（仏の存在する清らかな国土）
②「**滅土**《めつど》」＝（仏が悟りを得て生死の苦を超越した国土）
③「**涅槃**《ねはん》」＝（仏が煩悩を断って悟りに達したところ）
④「**安楽**《あんらく》」＝（心身が安らぎ一切苦がないところ）
⑤「**蓮華蔵世界**《れんげぞうせかい》」＝（仏が蓮華に包まれた台に座る世界）
⑥「**報土**《ほうど》」＝（仏の身に報われていく国土）
⑦「**無量光明土**《むりょうこうみょうど》」＝（仏の量り知れない光明が照り輝く国土）
⑧「**安養界**《あんにょうかい》」＝（仏と共に心安らかに身を養える世界）
⑨「**常楽**《じょうらく》」＝（常に仏の居る苦のない安楽なところ）
⑩「**寂静無為楽**《じゃくじょうむいらく》」＝（仏が煩悩を離れ、苦を断った静かで安定したところ）

これらすべてに共通する【浄土】は、迷いである煩悩の苦を断った清らかな国土である。また【浄土】は、常時仏さまの居られる〝仏国土〟なのである。そこは迷いの世界にいる私たち凡夫が、煩悩を断ぜずして救われていく悟りの世界である。つまり〝往生即成仏〟となって往く所であると同時に、迷える者を救い導くために還って往く所でもある。迷える衆生を救おうと、常時仏さまの居られる清らかな国、そこが【浄土】なのである。

〈二〉「法宝」＝おしえ

解字　9【法】（ほう）＝　溺れる者を必ず救う教え

〈字義〉―　①【法】②（灋）③ホウ・ホッ・ハッ④のり⑤さんずい（氵）⑥会意文字⑦みのり・掟・決まり・手立て・仏の教え・仏の真理⑧旧字「灋」は部首「氵」の水と、鹿に似た珍獣「廌（タイ）」と、退ける意の「去」とで成る。「廌」は『説文解字』によると「角が一本で身体は鹿と馬との中間のような想像上の神獣」とある。その動物は人の争いを見ると悪い方の者を角で突き、人の議論を聞くと不正の者を噛み、悪者を去らしめると言われている。それに「氵」の水を加え、平らかな水面のように公平な決まりで裁き、不正を戒めるという意を表す。

〈法義〉―　この字解きから、仏法の【法】とどのような共通項があるかを考えてみよう。『仏教辞典』では1「**其性永く改まざる規範の意**」2「**煩悩・雑染の伴わざる善行の意**」と説明されている。それによると【法】は永久に改変されない基本的な決まり、あるいは心を汚す迷いの煩悩に染まらない救いという意味である。それはあたかも「鷹」が汚染された悪者を公平に裁き退去させるように、悪業煩悩を清らかな水で除去するに通ずる。それはまた迷いで濁悪された衆生を、等しく悟りに導く教法でもある。つまり、仏法の【法】とは悟りを開いた仏の永劫不変の真理で、阿弥陀仏の救いが平等に注がれる真実の道理なのである。〝法の下の平等〟とは、ここに原点があったのではあるまいか。

ここで、幼少の苦い体験を紹介してみたい。当時、寺の子である私は「ぼん！」・「ぼうず！」・「ぼんさん！」・「ぼんちゃん！」などと使い分けてよくからかわれた。でも夏目漱石の小説『坊ちゃん』のように、可愛らしさもあると我慢していた。またある時はフランス語の「ボン」は〝良い〟という意味で、「良いところのぼん」と慰めもした。しかし何か悪ふざけをしでかすと「やんちゃ坊主」「くそ坊主」と非難中傷された。そもそも頭に〝くそ〟が付く職業を調べても坊主ぐらいである。〝くそ野郎・くそくらえ〟に加え、すぐあきらめ長続きしなければ〝三日坊主〟と、果ては「医者の不養生と坊主の不信心」などと、ただただ相手を罵りぼろくそに言われること実に不愉快であった。「坊主憎けりゃ、袈裟まで憎い」と、坊主は少しでも道を外すと、何かにつけて罵倒されるほど謹厳実直でなければならぬらしい。

ところが、青年期のある日、本山の説教所で聴聞していると、幼少時に揶揄された苦い思い出が一挙に払拭された。そして近い将来自坊の住職になる僧侶としての心構えと、ご法義の有難さに心を打たれた。そのご法話とは、

――ある日、新築工事現場で棟梁から「坊主よこせ！」と指示された弟子は、当初自分を呼んでいると勘違いしていた。すると立て続けに「早く、早く持って来い！」と急き立てられた。その時もしかして、自分ではなく何か物を指していると…。でも弟子は「坊主」なる道具が何物か分別できずにいた。音を上げた棟梁は自ら道具箱の中から取り出した。それは金槌（かなづち）でもなければ鉋（かんな）でもなく鋸（のこぎり）でもない、何と〝曲尺〟（かねじゃく）であった。弟子はそこで初めて〝曲尺〟が「坊主」の正体であることを知り、その名の由来を尋ねた。棟梁はなだめるように「坊主というのは何時も規律正しく精進して、常に仏に仕える身であるにもかかわらず、道理に反し過ちをおこすとは〝へそ曲がり〟野郎だ。だから大工道具の中で唯一曲がっているのはこの〝曲尺〟だけじゃから、そう呼んでいる」と説明した。ところがこの棟梁はなかなかの篤信家で、再々お寺へ聴聞しに出掛けていたらしい。続けて

話すには「お寺の坊主と言え、所詮罪悪深重の凡夫じゃ、過ちをおこすことも一生にはある」と。棟梁はおもむろに〝曲尺〟を取り出し、弟子の前に差し出した。「よく見ろ！この中に何か書いてはいないか？」と問われた。弟子は曲尺を念入りに見て、「正しく目盛が刻まれています」と答えた。すると棟梁から「もっと下をよく見ろ！」と促された。弟子はもう一度見直し、物差しの下部に『正法』の刻印を指さして「セイホウ」と読んだ。棟梁は「セイホウではなくショウボウと読むのじゃ」と読み誤りを正した。そして「曲尺の形状は曲がっていても、規則正しい目盛りの物差しになっておる。それを証明した刻印が〝正法〟なのじゃ。それと同じ様にお寺の坊主も曲りなりにも日々規則正しく過ごし、仏さまの正しい【法】（みのり）を伝えてくれておるのじゃ」――という例話であった。

私はこの有難い説法で悩める心を洗い流し、坊主の使命と自覚を一層促され救われた。しかしその一方で所詮わが身はいつまで経っても変わらぬ罪悪深重の凡夫であり、迷いの中にいることにも気付かされた次第である。この法話の本筋には【法】の意味合いが解りやすく説かれている。

『高僧和讃』に「**煩悩具足と信知して、本願力に乗ずれば、すなわち穢身捨**

て果てて、**法性常楽証せしむ**」とお示しいただいている。その意味は「衆生凡夫の誰もが一生煩悩の迷いを具えていることをよく知り、仏さまのお導きにおまかせすれば、即刻不浄の身を捨て果てたその先に、さとりの境地が明らかに示される」ということである。それは人の成せる悪業煩悩の不浄を正し、真実の道理を明らかに示してくださる不変の理法である。私たち衆生を正しい道に導き、迷いに溺れる者を必ず救う教え、それが【法】なのである。

解字　10【経典】(きょうてん)＝真実の道理を説く教科書

〈字義〉

―①【経】②(經)③キョウ・ケイ④つね・へーる⑤いとへん(糸)⑥形声文字⑦縦糸・真っ直ぐ・のり・常に・経る・筋道・経つ⑧旧字「經」は部首「糸」と音符「巠」とで成る。「巠」は機織りの工型の横木にたて糸を三本真っ直ぐ張った形𢀖である。類字には足の真っ直ぐなすね「脛」、体が真っ直ぐぴんと硬直する「痙」、頭に通ずる真っ直ぐな首「頸」、真っ直ぐに進む車「輕」、真っ直ぐに続く道「徑」などがある。

―①【典】②(　)③テン④ふみ・のり・つかさどーる⑤はち(八)⑥会意文字

⑦法・教え・文・常に・司る⑧「典」は上部の「曲」が書物を紐で綴じた形「冊」を表し、下が机の台を表す象形 丌 とで成る。

つまり【経典】とは、真っ直ぐな真実の教えを説いた書物である。

〈法義〉——【経】はインドのサンスクリット（梵語）のSutra（スートラ）で、「修多羅」と音訳された。その原義は〝たて糸〟という意味である。当時はまだ紙がなかった時代で、葉に文字を書きとめ数枚糸で結んでいた。その象形 冊 が「冊」の字である。そこから書物は「何冊」と数えるようになった。当初インドで作られた古いお【経】は、タテ約六センチ×ヨコ約四十五センチの樹葉紙に横書きの梵語で書かれていた。やはりそれは両側に孔を開け糸で綴じた物であった。

このお【経】は外面的にも内面的にも、ゆるぎない真実の道理を示すところから縦糸に値するとされた。縦糸は太さや色の異なった横糸を通そうとも、機に張られた縦軸として織り上がるまで真っ直ぐに固定されている。だから縦糸は常に変わらず真っ直ぐ貫き通すというはたらきを表わしている。したがってお【経】とは時代の変化に左右されない〝永劫不変〟の真理であると同時に、いかなる人々にも時空を超えた正しい教えである。つまり、お【経】は何ものにも妨げられない真実の教法を説いたものである。

『仏教辞典』によると【経】は「**仏の説ける教法を聞けるままに述べたもの**」とあり、また【経典】とは「**経は教経、典は典常の義**」と解釈されている。やはり、お【経】は仏さまの説かれた教えであり、【典】は常に守るべき道という意味である。厳密にはお釈迦さまの説法であり、その弟子たちの直説をいう。その説法は釈尊入滅後、多くの弟子たちが〝結集〟(編集会議)を繰り返し、真実の糸で連綿と受け継がれてきた。まさに「修多羅」は最適の音訳である。

ところで、私たちは日頃「修多羅」のような規則正しい生活を送っていると言えるであろうか。その日暮しは多忙に追われ、自分をゆっくり省みる暇すら持ち合わせない毎日でなかろうか。まるで横糸が纏わりついて着くずれしているような生活だ。我に返って見れば何と〝ふしだら〟な生活だったかと恥じるばかりだ。この〝ふしだら〟は「不＋しだら」から成っているという。この「しだら」の語源が「修多羅」(しゅたら)から来ているとは実に興味深い。しかし打消しを伴う〝ふしだら〟は、横糸の色や太さで一定せず、曖昧な暮らしぶりによることばである。それに対して【経】の字は、真っ直ぐで変化しない意を表わす点で、まことに当を得た漢訳変換文字だと言える。このようにお【経】

は規則正しい真理の縦糸であり、真っ直ぐ貫き通された教えなのである。このお【経】は印度・中国・日本の三国を繋いできた〝糸〟であると共に、仏さまと私たちとを結ぶ信心の〝糸〟でもある。シルクロードの絹糸は、まさに尊いお【経】を繋ぐ道と同じである。

それでは、基本となる真宗のお【経】を紐解いてみることにしよう。我が宗の拠り所とする【経典】は、『仏説無量寿経』（大経）・『仏説観無量寿経』（観経）・『阿弥陀経』（小経）の『浄土三部経』である。このお【経】は親鸞聖人の説く教義の根本聖典といわれる。昔からこのお【経】はご本山をはじめ末寺、檀家の法要には多く依用し、最も大切にされている。それらの内容を短く次に示しておこう。

一、**『仏説無量寿経』**（大経）＝この【経典】は釈尊が王舎城で弟子の舎利弗などに説かれたものである。内容は阿弥陀仏が法蔵菩薩という修行の身であった時、等しく衆生を救う四十八の誓願を立て、悟りをひらき仏と成り、美しい浄土のすがたを建立されたと説かれている。

二、**『仏説観無量寿経』**（観経）＝この【経典】は釈尊が王舎城の牢獄に閉じ込められた韋提希夫人を主人公に説かれたものである。内容は極楽浄土を観察する方法として十三観を示され、そこに往生できる上中下九種の衆生を明らかにし、念仏する者こそ救われると説かれている。

三、『**阿弥陀経**』（小経）＝この【経典】は釈尊が十代弟子の一人長老舎利弗に向かって説かれたものである。内容は極楽浄土の素晴らしい荘厳や、そこに必ず救われる教えに誤りがないと、東南西北下上の六方世界の諸仏により保証されていると説かれている。

これらの【経典】では、迷いに沈む罪悪深重の凡夫が等しく救われる、浄土往生への道筋を説き明かされている。その正しい道案内は、ただただ「南無阿弥陀仏」のお念仏に救われていくことだと諭されている。

親鸞聖人は『浄土三部経』を殊に尊ばれ、お念仏の道を生涯歩まれた一人である。聖人は五十二才の時に『教行信証』を著わされた。その中の第六巻の「行の巻」では、数多くの讃を歌っておられる。それは真宗の最も大切なお聖教『正信偈』である。その前半では「南無阿弥陀仏」のおいわれとおはたらきを、後半では三国を通って伝来された七高僧方のお徳が讃えられている。聖人は晩年八十八才まで書物の執筆にご苦労された。このお聖教には、今まで漢文調で書かれた難しさを、より平易にというお心が讃歌となって付加されている。それは『和讃』と称されるものである。「和」はわかりやすい和文、「讃」は七五調という今様による四句構成の詩歌をいう。その数は実に三百五十首余りに及ぶ。それは『三帖和讃』（浄土和讃・高僧和讃・正像末和讃）となって著わされた。これらは真宗の教えやその伝統、信心のよろこびを讃えたものばかりである。この「和讃」はお【経】の漢文が理解できない信者にとって、解りやすいものであったにちがいない。ご開山親鸞聖人は庶民の誰しもが親しめる聖典の作成に心をくだかれたのである。釈尊の説法された【経典】も親鸞聖人の著わされた聖典も、一貫して正しい縦糸で結ばれた、人間の歩むべき真っ直ぐな道が示されている。その真実の道理を説いた教科書、それが【経典】なのである。

解字　11【真理】（しんり）＝ 筋の通ったまことの教え

〈字義〉―　①【真】②（眞）③シン④まこと・ま⑤め（目）⑥会意文字⑦まこと・本当・

正しい・もともと・不変・ありのまま・筋道⑧旧字「眞」は匙（さじ＝スプーン）の形「ヒ」と、両耳と足が付いた器をかたどった「鼎」（かなえ）とで成る。その形は匙でいっぱい中身を詰め込んだ器を表している。

―①【理】②（　）③リ④おさーめる・ことわり⑤たまへん（玉）⑥形声文字⑦おさめる・ことわり・筋道・正す⑧「理」は部首「玉」と「田」に「土」を加えた音符「里」とで成る。「田」は縦横に区画された畦道の形を示す。

つまり【真理】とは、器に合った中身が正しく詰まっているところから〝まことの筋道〟の意を表す。

〈法義〉―【眞】はスプーンの匙で物を詰め込み、中身の内容物が器の大きさや容量に合致し、誤りがないところから〝まこと〟の意になった。実は〝まこと〟の同訓異字に《誠》と《信》があるが、ここでは《誠》との用法の違いを示すことにして、《信》は後述にて詳しく触れることにする。

《誠》は部首「言」と旁の音符「成」（セイ）との形声文字である。口に出した言葉は必ず成し遂げられることから〝まこと〟の意を表す。つまり言葉と行為が表裏一体になっている。いわゆる「言行一致」がそれである。だから言動には嘘偽りのない真心が通う「誠心誠意」が込められていなければならない。しかしながら、私たちはしばしば嘘交じりの言動で信用をそこねることも多い。《言うは易し行うは難し》で実行が伴わず、つい言行不一致に陥ってしまうのが実態である。残念ながら私たちの言語生活は〝まこと〟のようであっても、外面と内面とがアンバランスになりがちなのだ。

でも、同訓の〝まこと〟【眞】は、外も中身も合致している。だから物の本質に誤りがなく、嘘偽りがないところから〝真実〟の意になった。だから【眞】は絶対に変わることのない〝まこと〟なのだ。【眞】は【理】を伴い、縦横に筋を入れた畦道や筋目に沿って細工した玉のように、筋道立ったまこと、つまり真実の道理を表わす。

ここでなぜ仏の説く〝まことのみのり〟が【真理】なのかを深める前に、あえて「真実」の対義語「虚偽」を挙げて、【真】の意味を更に深めてみよう。

「虚」＝①「虚」②（虛）③キョ・コ④むな－しい⑤とらかんむり（虍）⑥形声文字⑦空しい・中身がない・うそ・いつわり⑧「虚」は中央が窪んでいる音符「虍」（コ）と、周囲が高い丘を示す「丠」とで成る。外見は高くて大きな丘のようだが、実は見えない中央部分が凹んでいる。そこから「虚」は〝中身がなく空っぽ〟である意を表す。

「偽」＝①「偽」②（僞）③ギ④いつわーり・にせ⑤にんべん（亻）⑥形声文字⑦いつわり・にせ・欺く・仮⑧旧字「僞」は部首にんべん「亻」と「爫」は手の象形で、「為」は象の姿とで成る。したがって「僞」は象を人が手なずけるさまを表すところから、人為的に作り変えられるので〝にせもの・いつわり〟の意を示すようになった。

つまり「虚」とは中身の伴わない空っぽだから「空虚」と言われる。【真理】と「虚偽」の対義語は、中身の有無によって判別できるということだ。「嘘」の字は「口」が付いて、裏付けのない発言から〝うそ〟になった。この世は「嘘八百」と言われるぐらい、うそいつわりの多い人間社会である。近年は商品の偽装問題をはじめ、高齢者をターゲットにした詐欺まがいの悪質化が跡を絶たない。もはや人の言うことばは信じられなくなってきた。

でも【真理】は外見も中身も同等に伴い、何ら手も加えずそのままの正しい筋道を説いたものである。仏説には虚偽など存在せず、「真実の道理」に満ちた教えなのだ。特に仏教ではあるがまま一切変わることのない〝まこと〟を「真如」と呼び、その身そのまま救われていくことを表す。まさしく真実の道理とは〝まことのみのり〟であり、筋の通ったまことの教え、それが【真理】なのである。

解字

12【智慧】（ちえ）＝濁った心を掃き清める恵み

〈字義〉―①【智】②（　）③チ④　⑤ひ（日）⑥会意文字⑦ちえ・知る・聡い・賢い・はかりごと⑧「智」は部首「日」と音符「知」とで成る。ただし「日」はもと「曰」（いわく＝言う）である。「知」は弓で射る「矢」と「口」とで成る。だから「智」は矢を射て的に当たったように、口から発した言葉がズバリ的中しているところから、「当を得たことば」という意を表す。

―①【慧】②（）③エ・ケイ④さと―い⑤こころ（心）⑥形声文字⑦聡い・賢い・智慧・こざかしい・悟り⑧「慧」は部首「心」と音符の「彗」とで成る。「彗」は二本の「箒」を示す「」と、手の象形を表す「ヨ」とで成る。

つまり【智慧】とは、汚れた心を掃き清める的確ですぐれた言葉を表す。

〈法義〉―【智】は「的確で当を得ている」であり、また【慧】も箒（ほうき）で心を掃き清め、明らかに見定める点で、「聡い」の意味に共通している。つまり両者は汚れた煩悩から目覚めるところが共通している。【慧】の類字に「彗」がある。熟語の「彗星」は放出する塵で尾を引く様が箒の形に似ているところから、別名「ホウキ星」と呼ばれている。この命名由来を借りると、星から出る塵は「煩悩」にあたり、それを掃き清める箒が【智慧】ということになる。

現在【智慧】は常用漢字で「知恵」と書き表され、どうも同義で用いられているようなので注意をはらいたい。「恵」の旧字は「惠」と書き、部首「心」と「専」とで成る。「専」はひたすら糸を紡ぐ〝糸巻〟の形と「手」を表す。そこから転じて「もっぱら」の意に用い、「心」が付いて一途に心を傾ける意味となった。また、ひたすらあわれむ心から「めぐむ」意にも用いられるようになった。ただしここでは仏教語として未だ旧漢字【慧】であらねばならない点で、両者の相違を種々の辞典で比較してみた。

《知恵》＝**物事を考え判断し、処理する心のはたらき。**『国語辞典』
＝**物事の筋道を分別し、うまく処理できる能力。**『漢和辞典』
《智慧》＝**物事の道理をさとり、善悪を判断する心のはたらき。**『仏教辞典』

こうしてみると「知恵」は物事を分析する知的能力であり、もの心がつき始めてから積み重ねて得た〝知識〟による判断能力である。その「知恵」は複数の物事を対比分別することに専ら心を傾ける能力だと言える。だからあらゆる物事を知り尽くす用法が多い。たとえば〝知恵袋・知恵負け・入れ知恵・悪知恵〟など、「知恵」は物知り博士のように何事にも周知している「知識」のはたらきである。それに対し、仏教語である【智慧】は物事の正しい道筋を明らかにし、その善悪や正否を判断するはたらきである。

そもそも【智慧】の原語はサンスクリットで、prajñā（プラジュニャー）と言い、パーリー語のpajjaa（パンニャー）を音訳して「般若」と書き表された。意味は「真理を認識し、悟りを開くはたらき。最高の智慧、仏智」（広辞苑）とある。だから【智慧】は「知恵」のように知識のみで分別するのでなく、物事の善悪・正邪・是非を客観視し、これ以上疑う余地のない真実と判断された〝最高の叡智〟を言う。【智慧】は本来ことばも心も度重なる反省によって掃き清められた究極のはたらきであるから、分け隔てなく万人に共通する唯一の真実である。また【智慧】は仏の必ず助けるぞとのお呼び声を信じ、おまかせできるおはたらきから「仏智」と言われている。

『仏教辞典』では「**智は決断の義にて、慧の作用とし、照見を智と名付ける。**

慧は心の義にて、了解を慧と称す。煩悩の垢を洗えば智慧水と言う」と書かれている。つまり【智】とは光明に照らされて、心の中を正しく見極める決断なのである。そして【慧】はその真意を認めた上で煩悩の水垢を洗い流すところから〝智慧水〟と呼ばれる。【智慧】の光明は自分の眼でとらえられないので、私たちは仏法聴聞によって、心の掃除をしなければならないのである。そうすることによって【智慧】の光はいよいよ輝きを増し、濁悪な心に届いてくる。

お寺の説教を聴聞している時は、自分の本当の姿や心の内を見透かされ、真実の道理に気付かされることがしばしばある。「ああ、そうだったのだ、う――ん、なるほどなるほど…」とうなずくことが意外と多い。そして今まで気付かなかったことに気付かされ、目覚めさせてくれるのが【智慧】のはたらきである。心が洗われた後は「何とお恥ずかしいことか、まことに申し訳ないことだ、本当に有り難いことだ」と、我に気付かされる。そんな時この私の口から自然と「ナマンダブ・ナマンダブ…」と、お念仏がこぼれ出てくる。

『正像末和讃』に「智慧の念仏得ることは、法蔵願力の成せるなり、信心の智慧なかりせば、いかでか涅槃をさとらまし」とある。その解釈は「智慧の念仏をいただくと言うことは、仏さまの救わずにおれないご本願の力をたまわることである。もし信心の智慧のおはたらきがなかったならば、どうして悟りの境地を得ることが出来ようか、いやできない」と。私たちは自分の力のなさを自覚すると共に、自力の心を捨ててひたすら仏さまにおまかせする以外にないと目覚めさせていただきたいものである。仏さまは単なる物知りの知恵者でない。仏さまから私の心に深く響いてくるお諭しが【智慧】である。お念仏のいわれにはこうしたおめぐみが込められているのだ。このように濁った心を洗い掃き清めるお恵み、それが仏さまの【智慧】なのである。

解字

13【慈悲】（じひ）＝ 苦を取り除く豊かな恵み

〈字義〉―①【慈】②（慈）③ジ・シ④いつくしーむ⑤こころ（心）⑥形声文字⑦いつくしむ・恵み深い⑧旧字「慈」は部首「心」と音符「茲」とで成る。旧字は草かんむりで、蚕が次から次へ吐き出す糸のように、草がどんどんはびこり〝増える〟意を表わす。それに「心」が付いて「豊かなあわれみ」の意になった。

―①【悲】②（ ）③ヒ④かなしーむ⑤こころ（心）⑥形声文字⑦悲しむ・哀れむ・ふり返る⑧「悲」は部首「心」と音符「非」とで成る。「非」は鳥の羽が左右に開いた象形を表す。それに「心」が付くと、羽が大きく開き、心に閉じられていたものを放出するところから「取り除く」とか「押しのける」意となった。一方、心が左右に引き裂かれるところから「悲しむ」意にもなった。

つまり【慈悲】とは、仏・菩薩の豊かなあわれみで、迷いの心が浄化されるはたらきを表す。

〈法義〉―【慈】の意味を深めるために、類字である「滋」について、具体例を挙げてみよう。県名にも由来している「滋賀」は、昔「遠江国」（静岡県）に対し「近江国」と称し、淡水湖があったので「淡海国」（おうみのくに）とも呼称されていた。が、後に「志賀」に変わり現在名になったと聞く。滋賀県を象徴するのは申すまでもなく〝琵琶湖〟である。それは広大な面積と豊かな水量を満々と蓄える日本一の湖である。「滋」は水を表す「氵」（さんずいへん）と、量の豊かさを表す「茲」とで成り、豊富な水量を象徴しているところから名付けられたらしい。人名でよく用いられる「滋」は〝しげる〟と読まれ、いずれも同義語である。だから「心」が加わる【慈】は、豊かな心・豊かな感情・細やかな心であるところから「いつくしむ・あわれむ」意となった。

一方【悲】は今にも飛び立とうと広げた羽に「心」が加わり、心を広く開ける意味である。いわゆる「胸襟を開く」ことで、煩わしい心の中を外に開放するところから〝取り除く〟意味となった。また闇に閉ざされた迷いも、心を開くことにより外へ押し出されるので、「煩悩が取り除かれる」意となった。

「非」を用いた類字「排」(ハイ)は、部首「扌」と「非」とで〝手で押し開く・手で払いのける〟意である。用例として「排除・排斥」などがある。

また「扉」も部首「戸」(とかんむり)と「非」とで成り、左右に開く〝とびら〟を示す。ただし「扇」は翼のように閉じたり開いたりするさまを表す。つまり閉じたさまを「羽」、開いたさまを「非」として使い分けている。

さて『仏教辞典』では【慈悲】の意味解釈を「**楽を与え苦を取り除く**」と説明してある。その出典は七高僧の一人インドの龍樹菩薩が著わした『大智度論』にある。「**大慈とは一切の衆生に楽を与え、大悲とは一切の衆生のために苦を抜く**」と説かれてある。換言すれば【慈】は〝与楽〟と言い、仏の救わずにおれない大いなる願いを衆生に与える豊かな心である。【悲】は〝抜苦〟と言い、衆生の迷える苦しみを取り除く心なのである。つまり【慈悲】とは、広く深い豊かな心で、閉じられた闇を開き取り除くおはたらきであると言える。【慈悲】は解字5「摂取」で前述した印相のはたらきと同じである。すなわち仏さまの右手「施無畏印」は迷える衆生の畏れを取り除くはたらきを表し、左手〝与願印〟は迷える衆生に【慈悲】を与える形を表している。

ところで、いつも法要後には「**如来大悲の恩徳は、身を粉にしても報ずべし、師主知識の恩徳も、骨を砕きても謝すべし**」と『恩徳讃』が唱和されている。その中に「大悲」と歌われているなら「中悲」「小悲」もあると考えてみたことはないだろうか。実は【慈悲】に三通りあると七高僧の一人、中国の曇鸞大師が著わした『往生論註』に示されている。「**慈悲に三縁あり、一つには衆生縁、これ小悲なり。二つには法縁、これ中悲なり。三つには無縁、これ大悲なり。安楽浄土はこの大悲より生ぜるがゆえなり。ゆえにこの大悲を言いて浄土の根となす**」と論じられている。それらの意味解釈を次で比較してみよう。

①**小悲**（衆生縁）＝自分の主観によって左右される慈悲。

②**中悲**（法　縁）＝相手や対象次第によって左右される慈悲。

③**大悲**（無　縁）＝相手・対象にかかわらず一切左右されない慈悲。

「**小悲**」とは、私たちが高齢者・障害者・被災者など、困っておられる方々に少しでもお役に立ちたいと物心を施そうとするが、所詮自分本位の限られた〝あわれみ〟である。それはたとえ純真無垢な優しい心遣いであっても、自我（自分のとらわれ）にわざわいされて充分果たせない。つまり「小悲」とは自分の物差しで量ろうとする自分勝手な人間の〝あわれみ〟である。

「**中悲**」とは、恵まれない人や悩んでいる人が関係者か、あるいは身内であるか、よく世話になっているか、知っているか否かで度合いを量ろうとする〝あわれみ〟である。つまり「中悲」とは相手次第によって差をつけようとする〝あわれみ〟である。

「**大悲**」とは、何者にも一切左右されない施しであるから、みな平等の〝あわれみ〟なのだ。仏さまは衆生がお浄土に生まれるよう、善人悪人・老若男女・貴賤貧富・洋の東西を問わず、迷える者をすべて救わずにおれぬあわれみを等しく施していてくださる。つまり「大悲」とは「平等施一切」の〝あわれみ〟なのである。それに対し、私たち衆生の〝あわれみ〟には程度があるようだ。

「**喜びを分かち合う者がいたらその喜びは倍加し、悲しみを分かち合う者がいたらその悲しみは半減する**」との言葉通り、慈悲深いあわれみとは言えその能力に限度がありそうだ。

親鸞聖人七百五十回大遠忌法要に団体参拝した時のことである。折しも東日本大震災の直後で、法要のあと参拝者から義捐金が集められた。参拝していた当寺門徒衆の手には各自千円札が握られていた。でも引率責任者である私は百円玉一個しかつまんでいなかった。なんとお恥ずかしい醜態かと、自らを責めたことを嘆かわしく思っている。その〝あわれみ〟たるや、自分勝手な思いによる行為であった。なぜなら法要一か月前の当寺彼岸会で、寺族一人一万円の義捐金を既に協力していたからだ。当時街角の至る所で被災者への募金活動が行われ、その場の懐具合で私もわずかながら協力していた。だから今回はお賽銭程度で良かろうとの気持ちがはたらいた。この施し方こそ自分本位で手加減したあわれみであり、まさに「小悲」と言わざるを得ない。

その後、檀家さんでご家族の親戚に被災者がおられ、大変不自由な生活を強いられていると、二十万円送金させていただいたというお話を聞いた。まことにあわれみ深い施しと感銘を受けた次第である。けれども額の多少は相手方との関係によって左右されたと考えられそうだ。つまり施しの対象が個人を特定したものか、あるいは不特定多数なのかによって違ってくる。この施し方こそ相手次第で差が生ずるあわれみであり、まさに「中悲」と言わざるを得ない。

けれども仏さまの「大悲」のあわれみは、いかなるものにも一切左右されない施しであり、皆平等に救うおはたらきである。それに対し、施しに差を付けようとするのが凡夫の嘆かわしいところである。

親鸞聖人は『愚禿悲嘆述懐和讃』の中で「小慈小悲もなき身にて、有情利益は思うまじ、如来の願船居まさずば、苦海をいかでか渡るべき」と自ら述懐しておられる。その意味解釈は「小慈悲ですら持ち合わせていない身の上である者が、衆生を浄土往生に救おうと思ってはならない。阿弥陀如来さまの本願の船がなかったならば、どうしてこの迷いの世界を渡ることができようか、いやできない」である。この中で聖人は小悲すらも持ち合わせていないのが衆生凡夫だと嘆いておられる。だからこそ衆生凡夫は阿弥陀如来さまの本願力がなければ救われないとも申されている。

親鸞聖人の弟子唯円は『歎異抄』で、「慈悲に聖道浄土の変わり目あり。聖道の慈悲と言うは、ものをあわれみ、悲しみ育むなり。しかれども、思うが如く、たすけ遂ぐることきわめて有難し。浄土の慈悲と言うは念仏して急ぎ仏に成りて大慈大悲心をもって、思うが如く衆生を利益するを言うべきなり」と。つまり自力聖道門の【慈悲】は、ただ哀れ悲しむ心だけで成仏できない。それに対し他力浄土門の【慈悲】は、救わずにおれぬ仏さまのおはたらきにおまかせして、念仏申すことであると。

更に親鸞聖人は『高僧和讃』で「**釈迦弥陀は慈悲の父母、種々に善巧方便し、我らが無上の信心を、発起せしめたまいけり**」と申されている。聖人はいつもお二方を慈悲のご両親と崇められ、様々な工夫や手立てをこらし最もふさわしい方法を編み出し、私たちの心にこの上ない他力の信心を起こしてくださると味わっておられる。そして『正信偈』の中でも「**煩悩障眼雖不見・大悲無倦常照我**」と源信和尚みずからも「仏さまの必ず救う光明に照らされていながら、煩悩による迷いの眼で見えないが、仏さまの大慈悲の光明は、飽きることなく常に私たち衆生を照らしてられる」と味わわれた。煩悩の闇で閉じられた心の中が大悲の光明によって照らされる。そうすれば自ずとお念仏の世界も開かれてくるにちがいないと。

ご本山の白州で羽を閉じ休んでいた鳩が、急に羽を開きバタバタと回りの砂ぼこりを上げたかと思うと、御堂の屋根に舞い上がっていく。それを見るにつけ、閉じられた迷いの扉が開かれ、清らかな心でお浄土に救われていく姿を思い起こさせる。闇に閉ざされた煩悩は、ご本山やお寺の聞法に出会うたびに開かれ洗われる。私たちの苦を取り除く豊かな恵み、それが【**慈悲**】なのである。

解字 14 【帰命】（きみょう）＝ はからいなく御跡に従う

〈字義〉—①【帰】②（歸）③キ④かえ-る⑤はばへん（巾）⑥会意文字⑦帰る・送る・任せる・戻す・行く・終える⑧旧字「歸」は左部分が追従の意を表す「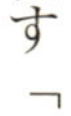」（タイ）と、その下に足を示す「」とで成る。右部分は手を示す「ヨ」とその下にほうきを表す「帚」とで成る。組み合わせると「歸」は「人が歩んだ足跡に追従して、掃き清める」と言う意味である。

—①【命】②（　）③メイ・ミョウ④いのち・みこと⑤くち（口）⑥会意文字⑦いのち・仰せ・言いつけ・教える・誓いのことば・目当て⑧「命」は集める意を表す「」と手を前に着けてひざまずく人の姿「卩」と、言葉を示す「口」とで成る。組み合わせると「命」とは「たくさんの人が集合した場所で、言われたことばに従うこと」である。

つまり【帰命】とは、先人が歩まれた跡を追従し、伝え残された仰せを跪いて素直に従うという意を表す。

〈法義〉—【帰命】とはサンスクリット（梵語）namas の音訳「南無」を漢訳した語であ

る。この語源は「信従」とか「敬順」と訳され、いずれも〝したがう〟意味である。「従」の旧字「從」は、部首「彳」と、音符「从」（ジュウ）と足を示す「止」とで成る。特に「从」は前の人の後ろに付き従う人を表す象形文字である。やはり、【帰命】の二字には共通して〝従う〟意が含まれている。

ここで「从」に関連した類字について触れておこう。「从」のように左向きの二人は〝したがう〟である。右向きの二人は主に〝ならぶ〟姿で「比」や「皆」の文字に使われている。互いに後ろ向きの二人は主に〝そむく〟姿で、「北」や「背」の文字に用いられている。つまり文字の向き合い方によって、それぞれ意味用法が異なっているわけである。漢字の語源成り立ちを解き明かしていくと、やはり表意文字であることを再認識させられる。

では、私たちは仏さまとどのように向き合って行けばいいのだろうか。解字1「仏」の項で前述したように、本来仏さまは色も姿形もない真理の法による法身仏である。だから私たちは木像や絵像のお姿を拝し向き合わせていただいている。でも私たちは時として仏前に向き合い〝願い事〟を頼んだり、お経を意味解釈も分からず〝呪文〟のごとく読んだりしていないだろうか。こうした向き合い方は何か叶えてもらうために神前で祈る姿と同じである。確かに私たちは仏前でも神前でも対面して拝礼している。しかし仏前と神前とでは明らかに向き合い方が異なっている。その基本的な違いは礼拝する私に〝はからい〟があるか否かなのである。

親鸞聖人は『正信偈』の冒頭第一句から「**帰命無量寿如来**」と、阿弥陀如来を信従し敬順して向き合っておられる。そのお心を蓮如上人は『御文章』で次のように説いておられる。「**南無の二字は、帰命の心なり。帰命というは、衆生諸々の雑行を捨てて、阿弥陀仏後生たすけたまえと、一向にたのみたてまつる心なるべし。このゆえに、衆生をもらさず弥陀如来のよくしろしめして、たすけましますなり**」と。この文意は「南無という二字は帰命の心である。帰命というのは私たち衆生が自力行のはからいを捨てて、阿弥陀如来に後の浄土往生の救いにあずからせていただくと、一心におまかせ申し上げる心である。それゆえに私たち衆生を分け隔てなく、すべてもらさず救うぞとのお心である」という解釈である。この中で聖人は自力の心をふり捨てて、ひたすら阿弥陀さまの救わずにおれない本願他力の信心に、はからい持たず素直に従う向き合い方を示しておられる。換言すれば、【帰命】とは何のはからいも持たず、ただただ仏さまの必ず救うぞとの仰せにおまかせすることなのである。こうした向き合い

解字 15【回向】（えこう）＝往くも還るも仏のお差し向け

方が「信従」（信じ従う）であり「敬順」（敬い従う）だと言える。よく用いられる「帰依」は、仏の教えやお徳を有する高僧方の御跡にすがって付き従うことで「帰順」という向き合い方と同意である。

『正信偈』にはもう一カ所「**帰命無碍光如来**」と阿弥陀さまと向き合う句がある。その句には「何ものにも妨げられない光明を放つ仏さまに、心から敬い仰ぎたてまつる」と天親菩薩の信従が示されている。のみならず『六首引和讃』の大半の句末でも、「**帰命せよ**」と何度も繰り返し向き合う姿勢を強調されている。聖人は限りないいのちである仏さまに、いつも私のいのちを〝おまかせ〟した、すべてを〝あずけた〟と仰せである。【帰命】には阿弥陀さまが「必ず仏と成って救うぞよ、頼りにせよ」とのお呼び声に、素直に「おまかせする」向き合い方が込められている。親鸞聖人にとって『和讃』は、仏さまの教えを伝えて来られた七高祖のお徳を讃嘆し、仏さまにおまかせする【帰命】の告白でもある。私たちも何の疑いも持たず、仏さまの仰せに面と向き合い、はからいなく先人の歩まれた御跡に従うこと、それが【帰命】なのである。

〈**字義**〉―①【回】②（　）③エ・カイ④まわーる・めぐーる・かえーる⑤くち（口）⑥象形文字⑦回る・巡る・還る・戻る・ふり返る⑧「回」は水がうずを巻くように、ぐるぐる回転しているさまを象形した文字である。

―①【向】②（　）③コウ・ショウ・キョウ④むーく⑤くち（口）⑥象形文字⑦向く・向き合う・慕う・趣く・志す・敬う・高窓⑧「向」は家の北側にある高窓の蓋が片方開いている形と「口」とで成る。高窓は天窓のことで明かりとりの窓である。それは風向きによって汚れた煙を外へ放出する窓でもある。また天窓は高い所にあるところから「尊ぶ」意にも用いられている。

つまり【回向】とは、渦を描くように回転しながら向きを変え、汚れのない明かるい方向へ戻っていくことを意味する。

〈**法義**〉―【回向】が回転して向きを変えるということは、弧を描くように元に帰り〝円〟になることである。実はお釈迦さまの出家された「四門出遊」の方向順序が〝東南西北〟で〝円〟を描くような回転であった。釈尊はまず東門をくぐられた時、年老いた人に出会われた。次に南門ではやつれきった病人に、西門では葬送の死者に、最後の北門で出家僧に出会われた。釈尊はこの出遊で人間の四苦である生老病死に直面し、それを機縁に一念発起し出家された。この方向の順路は【回向】の字義に由来しているのであろうか。そういえば『仏説阿弥陀経』の後半にある六方段の世界は、確かに東南西北の回転順である。蛇足であるが麻雀の順番も同じで、印度や中国ではこの回転順序が日常的にも伝承されている。

それに対し日本では、どういうわけか東西南北を慣用としている。その事由は詳らかではないが、この用法の違いを歴史的に見れば〝東西冷戦〟とか〝南北戦争〟を思い起こし、どうも縦横に交差すると「角が立つ」のであろうか。それに対し円を描くと何事も「丸く治まる」ようだ。回転する地球が円であるように、国境を越えたグローバルな世界平和を期待したいものである。

ここで、幼少時の親の躾を思い出してみた。私はいつも、初物や他所様から頂戴したお菓子をすぐ食べずに、「必ず仏さんにお供えしてから、そのお下がりをいただきなさい！」と言われた。そして食べ終わったら必ず〝ご馳走さま〟と再び仏前に御礼を申しに行かされた。そのとき親からは「仏さんはその食べものを召し上がらないが、仏さんのいちばん喜ばれるのは〝有難うございました〟という感謝の言葉だ」と諭された。そして「仏さんはいつでもどこでも見ておられるよ」と躾けられた。人さまからのいただき物を介して、仏さまと私の間で、いつも心の方向が往き来している。つまり仏さまと自分との向き合い方が回転によって結ばれているということだ。今にして思えば、これは【回向】のこころをやさしく諭してくれた親心だったと感謝している。

ところで、他宗と本宗とでは【回向】の理解が異なるようである。まず他宗の自力聖道門では、【回向】を「回転趣向」（エテンシュコウ）の略と解されている。その意味は「自らの功徳を転じて阿弥陀仏に差し向け、浄土往生すること」である。『国語辞典』でも「**自ら修めた功徳を自らの悟りのために、または他者の利益のためにめぐらすこと**」・「**仏事を営んで死者の成仏を祈ること**」・「**称名念仏の功徳をめぐらして衆生の極楽往生に資すること**」とある。『仏教辞典』でも「**自ら仏道修行の功徳善根を、自分以外の者に振り向けること**」と書かれている。つまり読経念仏する功徳善根によって故人の霊を慰め、死者が成仏するよう冥福を祈る〝追善供養〟の意識がある。そのため一般的にもこうした観念が通用している。この解釈は明らかに自力のはからいによる教えである。

それに対し、本宗の他力浄土門では、一切そのような味わい方はしていない。【回向】は「回施趣向」（エセシュコウ）の略で、阿弥陀仏の方から南無阿弥陀仏の功徳を施してくださり、共に浄土に往生し仏に成る他力回向のことを言う。

真宗では〝二種の回向〟と称し、「往相回向」と「還相回向」という二つのはたらきがある。「往相回向」とは、私たち衆生凡夫が阿弥陀仏のおはたらきにより浄土に往生させていただくこと。一方「還相回向」とは、極楽浄土に往生して後、再びこの迷いの世界に戻って来て、一切の衆生凡夫を教化させていただくことである。七高僧の一人で中国の道綽禅師は、『安楽集』の中で、「**前に生まれん者は後を導き、後に生まれん者は前を訪え**」と述べられ、親鸞聖人も『教行信証』に引用されている。つまり本宗の【回向】は一切はからいもたず、阿弥陀仏から差し向けられる他力の教えである。

親鸞聖人は『正信偈』で「**往還回向由他力・正定之因唯信心**」と示され、「往相還相の二種回向は他力に由るものであり、間違いなく必ず浄土に往生して仏になることが確定するのは、ただ他力の信心による」と諭してくださっている。「煩悩具足」・「地獄必定」と言われる凡夫が、救われていく手立てはただ一つ、阿弥陀さまの救わずにおれない仏力におまかせすることである。それは何の力も持ち合わせていない者に、仏さまのはからいによって回し差し向けてくださる力、すなわち「他力回向」なのである。私たち凡夫は自らのはからいで成仏できず、本願他力のはからいによって浄土に救われていくのである。私たちは浄土に往生したら〝極楽〟に甘んずることなく、ただちに今度は仏となってこの娑婆世界に還り、迷える衆生を救い導こうと四六時中はたらかしていただくのである。私たちが浄土に向かうのも、回転して浄土から娑婆に向かうのも、共に仏さまのおはからいによるものなのだ。『御文章』の〝信心獲得の章〟に「**南無と帰命する一念のところに、発願回向の心あるべし。これすなわち弥陀如来の凡夫に回向しまします心なり**」と。つまり「南無」と疑いなく仏さまの救いにおまかせする信心の起こった時、凡夫に仏さまから差し向けてくださるおはたらきが【回向】だと諭されている。そのおはたらきにより迷いで汚れた心の煙が高窓から放出されるように、煩悩の心が洗われるのである。往くも還るも仏さまのお差し向け、それが【回向】なのである。

解字

16 【大乗】（だいじょう）＝ 衆生を救う大きな乗り物

〈字義〉― ①【大】②（ ）③ダイ④おおーきい⑤だい（大）⑥象形文字⑦大きい・広い・多い・極めて優れた・とても良い・尊い・立派な⑧「大」は両手両足を広げて立ちはだかっている人の形を表す。

—①【乗】②（乗）③ジョウ④のーる⑤の（ノ）⑥会意文字⑦乗る・登る・仏の教え（法）⑧本字は「椉」と書き、「亠」は両手を開いた人の形、「舛」は「夂」が左足「ヰ」は右足で、「木」とで成る。その形はである。つまり【大乗】とは、人が木の上で両手両足を開き、大の字になって乗せられた姿から「大きな乗り物」の意を表す。

〈法義〉—【大乗】とは直訳すると「大きな乗り物」である。古来の経典には比喩が多用されている。それは仏の教えをわかり易く説くためであろう。中でも乗り物の喩えに船がよく用いられる。確かに船は乗り物の中で最も多く収容し、人を運ぶことができるからである。仏典には船にまつわる用語も意外と多く見られる。仏さまがおられる悟りの世界〝浄土〟を「彼岸」と称し、一方私たち衆生がいる迷いの世界〝穢土〟を「此岸」と言う。また、あの世とこの世との境を「川」や「海」に喩えている。また親鸞聖人も『正信偈』では、悟りの世界を「本願海」・「大智海」・「大宝海」と、逆に迷いの世界を「群生海」と海に喩えられている。その両岸の橋渡しをする船を「願船」（生死の海に溺れる衆生を救う本願の船）、「船筏」（衆生を彼岸に渡す教法）と言い、その主である仏さまを「船師」

などと用いられている。更に経文でも「渡」の漢字を「度」と書き表し、「衆生済度」(衆生を迷いの世界から悟りの世界に渡すこと)、「誓願度」(仏の本願によって衆生を悟りの彼岸に渡す誓い)、「得度」(仏の済度を得て出家僧侶になること)など、実に多く見受けられる。

親鸞聖人は『高僧和讃』で「**生死の苦海ほとりなし、ひさしくしずめる我らをば、弥陀弘誓の船のみぞ、乗せて必ず渡しける**」と詠われている。その讃は「娑婆世界は日々迷いの苦しみで、果てしなく続き絶えることがない。阿弥陀仏は長い間苦海に沈みきっている私たちを、必ず救うと誓願の船に乗せて、お浄土の彼岸へ渡してくださる」という意味である。そしてこの「船」は迷いで溺れる多くの衆生を悟りの彼岸へ渡し、安心させる大きい立派な乗り物なのだ。私たち衆生がこの願船に乗せていただくということは、船頭役である阿弥陀如来に〝おまかせする〟ということである。

【乗】の梵語(サンスクリット)はyānaで、「衍」(エン)と漢訳されている。「衍」の解字は部首さんずいへん(氵)の水と、「行」は流れる道(水路)とで成る。『仏教辞典』では「運度」・「運載」と解釈され、迷いの此岸から悟りの彼岸へ衆生を載せて運び渡すという意味である。その乗り物が「船」であり【大乗】なのだ。その乗り物には【大乗】と「小乗」の二種類ある。「小乗」は出家して厳しい修行を積んだものだけが救われる教えを言い、一部の限られた少人数しか救われないので〝小さい〟乗り物と喩えられた。それに対し【大乗】は迷える衆生をすべて等しく救われる教えを言い、分け隔てなく多人数をすべて救うところから〝大きな乗り物〟と喩えられた。そして【大乗】が船であらねばならないのは、老いる者・体が不自由な者もまったく〝歩いて行く〟必要のない乗り物であるからだ。「大船に乗ったような」とは、まさに安心しておまかせできる乗り物なのだ。だから〝歩いて〟渡らねばならないのは、自力による難行苦行を指している。

さて【大乗】仏教は真理そのものである阿弥陀仏の〝法〟を信ずる教えである。その教えは梵語（サンスクリット）から翻訳された『漢訳経典』を基に、中国や日本に伝わり信奉されている。それに対し「小乗」仏教は〝応身仏〟と称し、人間の姿形になって世に出られた釈迦牟尼仏を信仰の対象にしている。その教えは『パーリー語経典』を基に、東南アジア（ビルマ・タイ・スリランカ）の国々に流布している。【大乗】は大きな乗り物・優れた乗り物に対し、「小乗」は小さな・劣った乗り物と理解されがちなので、現在では「小乗仏教」と言わず「上座仏教」・「部派仏教」・「長老派仏教」・「南方仏教」と称されている。

ところで我が国では「春分の日」と「秋分の日」は、国民の祝祭日になっているが、もとは仏教行事に基づいた「両彼岸」の法要日である。「彼岸」は梵語（サンスクリット）pāramitā で〝波羅蜜多〟（ハラミタ）と音訳されている。意味は「到彼岸」と訳され、生死の迷いを〝川〟や〝海〟に喩え、向こう岸である悟りの世界に渡ることである。「両彼岸」は真東から昇り真西に沈む日照時間が同じになり、修行に最も適した時季とされる。でも、このような由来は自力聖道門における教えが根底にある。

しかしながら、迷いに満ちた苦海である「此岸」から、悟りに満ちた極楽浄土である「彼岸」へ渡るには、どうしても大きな乗り物でなければならない。そのわけは、生涯「煩悩具足」である私たち衆生が、自力のはからいで成仏できないからである。苦悩に満ちた衆生が何のはからいも持たずして浄土に救われていく道は、ひとえに阿弥陀仏のはからいにおまかせする以外にない。この安心しておまかせできる乗り物こそ、仏さまから差し向けられた〝願船〟である。その船は多くの迷えるすべての人々を、等しく乗せて渡せる大型でなければならない。衆生を救う大きな乗り物、それが【大乗】なのである。

〈三〉「僧宝」＝つとめ

解字 17【僧】（そう）＝重ね重ね法施する集団

〈字義〉—①【僧】②（僧）③ソウ④　⑤にんべん（イ）⑥形声文字⑦僧侶・法師・坊主・比丘・出家僧・沙門・仏道修行を重ねる人⑧「僧」は部首「イ」（にんべん）と音符「曽」とで成る。「曽」は旧字「甑」の原字で、水を入れた器に、穀物を入れたこしきから湯気が立つさまを表す。蒸すとその量が膨れ上がるところから「増える」意味となる。同義語に「増」・「憎」・「層」がある。つまり【僧】とは、人が増えて多くなる集団を意味する。

〈法義〉—【僧】は梵語（サンスクリット）のsamghaで、「僧伽」（ソウギヤ）と音訳された。【僧】はその略語である。原語の意味は〝和合〟とか〝衆〟と解釈され、三人または五人以上の比丘が一緒に和合し集まった修行者たちをいう。因みに「衆」の字は目を横向きにした「罒」と、三人を横並びにした「人人人」とで成り、複数以上の人の集まりを表す。つまり仏教修行者の集まりから仏教教団を指す。『大智度論』では「**多くの比丘一処に在りて和合す。これを僧伽と名づく。たとえば大樹の叢聚するを名付けて林というがごとし**」と説明されている。「僧伽」とは大きな一本の木が多く群がって生えたのを林や森と名付けるように、群衆を形成した僧侶の集まりをいう。また『仏教事物由来の研究』でも「**僧とは一人の出家者のことでなくて、四人以上の和合を成し仏道修行する出家人の団体の称である**」と解説されている。「僧侶」は【僧】に伴侶の「侶」が付いたものである。「侶」は部首にんべん（イ）と音符「呂」とで成る。「呂」は背骨の連なる形で、複数を表す文字である。しかし、それが時代を経ていつしか単数の【僧】に略された。「坊主・比丘・法師・沙門」などの言い方は、あくまで個人を指しての言い方である。

ところで、最近この梵語「僧伽」（ソウギヤ）を〝サンガ〟として用いている事例がある。浄土真宗本願寺派が展開する運動の一つに、《キッズ・サンガ》という団体がある。前門さまは『教書』の中で「**子供たちが阿弥陀如来の願いの中に、心を開き安らいでいける場。また、その子供たちと共にすべての人びとの居場所となれるお寺に…**」と推進目標について触れておられる。「キッズ」とは子供という意味で、「サンガ」は無論「僧伽」に由来している。この名称はお寺に〝子供たちが集う〟という意味で名付けられたそうだ。

また、京都のプロサッカーチームに《パープル・サンガ》がある。もと「京都紫光クラブ」がその前身で、後にチームカラーの紫から「パープル」が付け加えられた。このチーム名の語源も梵語から来ていると言う。ホームページには名付けた理由を次のように解説している。――**一つはチームのホームタウンが歴史ある寺院を多く擁し、仏教と深く関わる古都であること。二つに本拠地京都は比叡山や鴨川など山や川に恵まれた景勝地であり、山紫水明の〝山河〟をイメージさせる響きに掛け合わせて「サンガ」と名付けた**――

このようなネーミングの由来には、いずれも仏教語と深い因縁がある。またその用法においても単数の一人を指すのでなく、グループ集団の和合を意味している。

現在、真宗十派の規模は寺院総数約一万三千ヵ寺、門信徒総数約千三百万人の大教団である。僧侶数は本願寺派のみで約三万二千名『宗教年鑑平成十九年度版』、これだけ多くの僧侶を抱えている教団が、「僧侶」としてどのような心構えで日々法務活動をしていけばよいのか。本宗の『僧侶の心得』を次に紹介しておこう。

一、終身僧侶の本分を守り、勉学布教を怠らないこと。
二、師命に随順し、和合を旨とし、宗門の秩序を乱さないこと。
三、言動を慎み、道徳を守り、宗門の対面を汚さないこと。

この心得は本願寺派の僧侶資格を得るため実施される研修「得度習礼」で教わる文言である。その第二項には仏さまの仰せに疑い持たずおまかせし、自我に執着することなくすべての衆生と共に和合し、宗門の秩序を乱さないことと戒められている。この「和合」が大乗仏教の基本原理といわれている。その願いには、自分だけでなく他の人々も皆すべて救われるようにという意味が込められている。「和合の衆」は出家者が五人以上集合して、互いに背かず仲良くしていく集まりである。しかし一歩あやまれば「烏合の衆」となり、烏が無秩序に多く集まるものの、規律も統一もないただの群衆になってしまう。

さて、一僧侶としての坊主である私が、果たして秩序正しかったかを自省してみたい。解字9「法」で「坊主」としての使命と自覚を前述した。私は得度で剃髪受式して仏門に入り、仏道の第一歩を踏み出した。以来五十五年を振り返ってみれば、当初はただ独りで読経する坊主に過ぎなかった。しかし「僧侶」

たる名のもとに独り相撲の読経を自省し、お同行と共に唱和するよう心掛けた。それ以来「住職」・「坊主」から「導師」・「調声人」へと意識改革した。つまり私は読経節目の合図や音階調整のコンダクター的役割として、常にお同行と和合する【僧】に変革していかねばならない。

それからは僧侶の意味を自覚し、自らも聴聞の仲間入りをするよう心掛けさせていただいている。その度重なる法縁のおかげにより、必ず法事などで進んで法話し、自らも聴衆の一人として仲間入りするように心掛けた。やはり「僧侶」とは常に門徒衆と共に「僧俗一体」として和合しなければならない集団なのだ。仏道を歩むということは、門徒衆と共に仏縁をいただき、お同行と共にいのち尽きるまで仏法聴聞に励むことである。

親鸞聖人はひたすら衆生のだれもが信心をあずかる在家仏教の道を切り開かれた。更に出家できなくても、阿弥陀さまの本願を信ずれば、必ず等しく救われるという道筋を生涯かけて明らかにされた。聖人は三十五才の時、越後流罪の身になられた。そして同時に「僧籍」を剥奪された。それ以来聖人は『教行信証』の中で、「非僧非俗」（僧にあらず俗にあらず）と述べられ、みずからの姓を「禿」の字を付けて「愚禿親鸞」と名乗られた。聖人の【僧】としての本心をお察しするに、それは決して【僧】にある者だけが救われるものでもなく、僧俗一体となる平等の和合精神に帰しられたにちがいない。それは阿弥陀さまの本願の救いが分け隔てなくすべてをお目当てにしていただいているからである。み仏の教えを有縁の方々と共に、重ね重ね法施する集団、それが【僧】なのである。

解字

18【信仰】（しんこう）＝真実の教えを説く言葉に従おう

〈字義〉―①【信】②（〓）③シン④まこと・のーびる⑤にんべん（亻）⑥会意文字⑦まこと・信ずる・従う・まかせる・疑わない・明らかにする⑧古字「〓」は部首「人」と「辛」と「口」とで成る。「辛」は刑罰に用いる先の尖った鋭い針の象形↑土である。それに「口」が加わると、発言にうそがあれば厳しい刑罰に処せられることを誓うところから「まこと」の意になった。常用漢字の「信」は、本来人の言うことばは皆すべて〃まこと〃であったので「信ずる」意になった。

―①【仰】②（ ）③コウ・ギョウ④あおーぐ・おおーせ⑤にんべん（亻）⑥会意文字⑦仰ぐ・仰せ・頼む・尊ぶ・敬う⑧「仰」は部首にんべん（亻）と音

符「卬」（コウ）とで成る。旁の「卬」は「仰」の原字で、左側に高く立って見下ろす人と、右側に低く跪いて見上げる人を合わせた象形文字である。類字の「迎」は道を往来する意味の部首「辶」と、来る人を跪いて見上げるところから〝迎える〟意を表す。

つまり【信仰】とは、真実を述べた事柄は心からその人を信用し敬うという意味である。

〈法義〉—— 本来、人の言うことばは真実であり信用されたものであった。ところが〝口は禍の門〟なのか、いつぞや人の言ったことばが信用できなくなってきた。実は仏教徒の守るべき決まりとして〝五戒〟がある。その一つに「不妄語戒」というのがある。これは〝嘘をついてはいけない〟という戒めである。にもかかわらず、言葉を使う人間は自分の正当性を護るためや、相手を過剰にほめる時に、やむなく嘘をつくこともある。**〝うそも方便〟**のように時には無害有益なこともある。この場合は目的のために利用する便宜上の手段である。しかし仏教語としての「方便」は、あくまでも衆生を真実の道理に導く手段として用いられる点で誤解がないようにしておきたい。ただ**〝嘘つきは泥棒のはじまり〟**とも言われ、慣れてくるとだんだん罪悪感も薄れてくる。近年は顔の見えない通信手段で、言葉の泥棒が横行している。高齢者を狙ったいわゆる詐欺まがいの犯罪である。いったい誰を信用してよいのかと、疑心暗鬼に陥ってしまう。

とは言え、世間では昔から「卜占い・厄日・丙午」など、道理に合わない言い伝えがはびこっている。そのうえ日本人は「語呂合わせ」を好むのか、同音を借りた数字や願い事に絡める言葉遊びを得意としている。こうした言葉の【信仰】は〝民間信仰〟と言い、特定の教団である宗教組織や教祖・教法もなく、ただ民間において伝承されている庶民派信仰で、結局迷わせるものばかりである。したがって「迷信」や「俗信」は合理的・科学的根拠がなく、道理に反する有害無益なものである。それが慶弔などの諸行事に、未だ信じられているのが信じられない。

日本には古来より《言霊信仰》が言語生活の中に浸透しているようだ。それは言ったことは必ず実現し、実現してほしくないことは決して口にしないという習俗である。これらは宗教とまったく無関係であり、「霊」とも一切関連はない、ただの有害無益にすぎない。昔から京都は習俗・しきたりが根強く、気難しい町であると言われている。確かに迷信・俗信が蔓延し、【信仰】生活にも複雑に影響している。こうした民族信仰は〝迷わず成仏〟どころか、民衆の迷いをますます助長させ、正しい【信仰】の妨げになっている。

しかしながら、親鸞聖人の説かれる教えは、すべて真実の道理として信じられている。そもそも【信仰】という語は、明治以降になって用いられるようになったと聞き及ぶ。それまでは〝信心〟と称されていたので、ここから【信心】として味わいたい。なぜなら他宗と違ってその特徴は「迷信」・「俗信」を一切信じない宗旨であるからだ。【信心】は私が信ずる心でなく、【信】そのままが仏さまの心、「仏心」なのである。つまり仏さまからのいただきものが【信心】である。それに対し【仰】は【信心】をいただく私の姿であり、仏さまに跪いて仰ぎ見る文字である。「他力回向の信」とは、仏さまの救わずにおれぬおはたらきをそのまま素直に頂戴する心である。

親鸞聖人は『教行信証』の中で「**聞というは衆生、仏願の生起本末を聞きて疑心あることなし、これを聞と言うなり。信心と言うはすなわち本願力回向の信心なり**」と、【信心】の本意を述べておられる。御堂法話では「聞即信」ということばをよく耳にする。「聞即信」とは仏さまの救わずにおれない仰せを素直に聞かせていただくことが、すべて仏さまのおはからいにまかせるものと信ずることである。また「信即聞」とは仏さまの名号〝南無阿弥陀仏〟というお念仏のいわれを信じ、何の疑いもなく素直に聞くことを言う。これは絶対他力の信心を、ただひたすら仏さまのおはからいに随順する姿を示したものである。

お寺の日曜学校などで、仏さまのことをよく「親さま」と聞かされたものだ。その「親」の解字は、木の高いところに立って子を見守る字と教わった。そういえばお仏壇の正面にご安置する仏さまの位置を、参詣人の目線より少し斜め上に仰ぎ見ることができるように心得られている。それも仏さまの仰せを素直に従う私の姿を配慮したものである。【信心】とは私が求めるものでもなければ、願うものでもない。仏さまの願いがそのまま【信心】であり、私の頂戴させていただく他力がそのまま【信心】なのである。

真宗では特にこの【信心】を肝要とされている。『御文章』（五帖第十二通）に「**ひとたび他力の信心を得たらん人は、皆弥陀如来の御恩を思いはかりて、仏恩報謝のために、つねに称名念仏を申したてまつるべきものなり**」とある。他力の【信心】を得る人は皆、仏恩報謝の念仏を称えることをつとめとすると示されている。【信心】とはお念仏のおいわれをそのまま信ずる心である。真実の教えを説く言葉に従うつとめ、それが【信仰】なのである。

解字 19【聴聞】（ちょうもん）＝心を正して素直に聞こう

〈字義〉―①【聴】②（　）③チョウ④きーく⑤みみへん（耳）⑥形声文字⑦耳を傾ける・よく聞き取る・正しく聞く・聞き分ける・聞き入れる⑧旧字「聽」は、耳・壬・十・罒・乚・心の六文字で成る。部首部分は「耳」と人が地上に足を伸ばし直立している姿を表す「壬」（テイ）とで成る。意味は背筋を正し〝耳をまっすぐ立てて聞く〟である。一方旁部分「悳」（トク）は、解字6で前述したように、縦横まっすぐに交わる線の「十」と、「罒」は横書きした「目」で、「乚」はカネと読み〝曲がる〟意を表し、「心」を下に付けた文字とで成る。意味は曲がったものをまっすぐな目で見直す心から〝正直・素直〟となった。

―①【聞】②（　）③モン・ブン④きーく・きこーえる⑤みみ（耳）⑥形声文字⑦聞く・聞こえる・うわさ・評判・名声⑧「聞」は部首「耳」と音符「門」とで成る。意味は門などによって遮られている外部から、音声が自然と耳に届いてくることである。両者は共に聞く姿勢であるが、「聴」が意識的・能動的・積極的に対し、「聞」は無意識的・受動的・消極的な聞き方である。

つまり【聴聞】とは、背筋をまっすぐ伸ばし耳を前に突き出して聞き、曲がったものをまっすぐな目で見直すことである。

〈法義〉―

お寺などで説法を聞く時は、あえて【聴聞】という言い方をする。それは仏さまの御みのりを聴こうとする姿勢を示したものである。言い換えれば仏法【聴聞】はただ自然と耳に入って聞こえてくるのでなく、念入りに聴こうとする姿勢である。旧漢字【聽】の「壬」（テイ）は地上に直立し体を前に突き出す積極姿勢である。『四書五経』に「**心ここに在らざれば視れども見えず、聴けども聞こえず**」という格言がある。それは何事も心を集中しなければ、まともに見聞きすることができないという意味である。他宗の本堂は外陣が狭く内陣は広い。それに対し真宗寺院の本堂は、内陣が狭く外陣が広い。これは前者が〝修行道場〟であるのに対し、後者は〝聞法道場〟であるからだ。つまり真宗の本堂は仏法を【聴聞】する場として、門信徒の多く集う広い場所なのだ。

蓮如上人は『御一代記聞書』で、「**讃嘆のとき、何も同じように聞かで、聴聞は角を聞けと申され候。詮あるところを聞けとなり**」と味わわれている。その意味は「仏さまのお徳を讃える時、何も世間話と同じようにぼんやり聞かないで、聴聞は角をしっかり聞きなさい」ということである。

実はこの「角」とはもっとも大切で肝要なことを意味する。同義の「角」を用いた例に、相撲力士のことを「角力」、大関陥落の節目を「角番」、相撲社会を「角界」というのがある。つまり相撲界は星取で番付が上がるか下がるか、いつも勝負の大事な瀬戸際に立たされているということだ。だから「角」とは肝心かなめの大事なことをいう。仏法【聴聞】の「角」とは、お念仏のおいわれとおはたらきである「本願」「名号」「信心」「称名」のことである。また「**詮あるところを聞け**」とは、「詮」の字は言葉を表す部首「言」と、すべてを表す「全」とで成り、言葉を漏れなく全部聞き取りなさいという意味である。

では、親鸞聖人はどのような聞き方を旨とされたのであろう。聖人の『一念多念文意』に、「**聞其名号というは、本願の名号を聞くとのたまえるなり。聞くというは、本願を聞きて疑う心なきを聞というなり**」と仰せである。その中で「聞く」とは仏さまの本願のおいわれを聞いて、疑いの心をもたずおまかせすることと味わわれている。それはまた必ず救うとのお呼び声を、そのまま聞いて信ずることである。真宗門徒の正しい【聴聞】の仕方は「如実の聞」とされる。その良し悪しを分ける聞き方には次の三通りある。

①「**如実《にょじつ》の聞《もん》**」＝仏さまの仰せを疑いなく信ずる聞き方。
②「**不如実《ふにょじつ》の聞《もん》**」＝理解しても信じて聞こうとしない聞き方。
③「**汎爾《はんに》の聞《もん》**」＝馬の耳に念仏のように何事も聞き流す聞き方。

私たち平生の聞き方は決して「如実の聞」とは言えず、曖昧で勝手気ままな聞き方である。だからと言って、聞く耳がありながら聞かずじまいになるのも無意味である。〝**聞くは一時の恥、聞かぬは一生の恥**〟という格言がある。他人に聞くのが恥ずかしいからと言って、知らないことを放置しておくと一生知らないままになり、その恥は後の世まで大きく膨れ上がってしまう。そうするとだんだん聞く耳は小さくなるばかりだ。

ところで、皆さんは仏さまの「耳」が人一倍長くて大きいのをご存知だろう。そのわけは進んで人の話に耳を傾け、世間の理（ことわり）をよく感知する度量を備えておられるからだ。それに対し私たちは果たして聞く度量が備わっているのだろうか。実は今でも官公庁の「庁」を旧漢字で「廳」と書かれている所がある。この字源も解字すると、「广」（まだれ）は建物の屋根を表し、その中に【**聽**】が付いた文字である。したがって、いずれも官公庁は民衆の声を広く聞き入れる所であらねばならない。つまりそこは民衆の要望や苦情を真摯に受け止め、改め直していくお役所であるはずだ。でも時として解字の示すような度量を備えているとは少々言い難いこともある。よく仏頂面の対応を〝お役所仕事〟と非難されたりする。私たちも同様に都合のよい話は聞き入れようとするが、耳の痛い嫌な話は遠ざけようとする。いやはや困った凡夫である。

伝説ではあるが、聖徳太子の耳は十人の声を同時に聞き分けたところから〝豊聡耳〟（とよとみみ）と伝えられている。この説は必ずしも十人一度でなく、一人ずつ順番で相談に応じ、適格な助言をされたことに基づく。つまり聖徳太子はすべての人々を分け隔てなく、丁寧に耳を傾けられたお方である。「聖」（ひじり）の解字は部首「耳」へんと「呈」（テイ）とから成る。それは口で述べる言葉に、耳を突き出しよく聞き入れるという意味である。すぐれた聞き分けの度量の聖人に対し、私たちは果たして聞く耳をもっているのだろうか。

随分以前に、私は聴覚障害者の講師から《障害と信仰》と題して講話を聴聞させていただいた。その中で「**聴覚障害者は視覚障害者である**」ということばに一瞬頭を疑った。でも話の進む中、じわじわとその真意が解るようになった。実はその文言に聞き漏らすことのできない深い背景があった。それは火災発生時の対応の仕方である。私たち健常者は「**火事だ！逃げろ！**」と聞いて素早く避難できる。しかし、聴覚障害者は避難指示の声も聞こえず、迫りくる炎を見て初めて気付く。でも既に退避するにも手遅れで、犠牲者が出てしまったという。正直申して私たちは目が見えていれば大丈夫だと思い込んでいる。ひるがえして考えれば、いつも耳でよく聞いているから安心だというわけでもない。私たち健常者は見ているようで見えていない、聞いているようで聞けていない。そういう曖昧な姿が現実の私なのだと気付かされた時、実は自分が障害者なのだと恥ずかしい思いをした。この名言はまさに万人に当てはまる金言である。

このように【聴聞】することで平生気付かずにいることが、いよいよ心眼で見えてくる。まさに聞く耳と見る目とは表裏一体なのだ。確かに仏さまのお姿を肉眼で見ることはできないが、【聴聞】によって心の目を開かせてくれるのだ。【聴】の字に「目」が入っていることは〝聞く〟と同時に〝見る〟行為を伴っているということだ。その類例を挙げると、「聡明」はもと「耳聡目明」という四字熟語であった。「聡」は旧字「聰」と書き、部首耳へんと、旁の「悤」（ソウ）とで成る。「悤」（ソウ）は窓を表す「囪」と「心」とで成る。つまり「耳聡目明」とは、耳で聞いたことを心の窓に照らし、正しい目で見直し明らかにすることである。つまり汚れた心の窓は耳目が相まって明らかになるのだ。もし「囱」の窓がなくなれば、「恥」という字に転化してしまうから留意したい。

《聖人の四徳》とは「聡明叡智」のことで、『漢和辞典』に「聡」はすべてをよく聞き、「明」はすべてをよく見、「叡」はすべてによく通じ、「智」はすべてをよく知ること、と書いてある。お寺や自宅の仏前で聞法すると、自ずと心の中が見えてくる。私たち衆生は常に仏法を【聴聞】するご縁に接し、仏さまの説法を進んで聞く「聞法行」に励まねばならない。仏さまの真実の道理を疑いなく信じ、心を正して素直に聞くつとめ、それが【聴聞】なのである。

解字　20【報恩】（ほうおん）＝おかげさまと喜び頂こう

〈字義〉―①【報】②（　）③ホウ④むく－いる・しら－せる⑤つち（土）⑥会意文字⑦報いる・報せる・告げる・返す・処罰する⑧「報」は部首「幸」と「𠬝」とで成る。「幸」は刑罰を受ける道具〝手械〟（てかせ）で、いわゆる手錠の象形で ある。しかし「幸」は手首にはめられた手錠を免れた状態で〝さいわい〟を表す。一方「𠬝」はひざまずいた人の形「卩」と、手を表す「又」とで成る。「報」は罪を犯した者が手錠をかけられ跪いていることから、その罪に

〝報いる〟意となった。良い意味では受けたことに対する〝お返し〟を指し、悪い意味では〝仕返し〟として用いられている。

―①【恩】②（　）③オン④　　⑤こころ（心）⑥形声文字⑦恵む・愛しむ・感謝の行為・因（もと）・因（よ）る⑧「恩」は部首「心」と音符「因」とで成る。「因」は茵（しとね）の原字で、「口」がその寝具を象形し、「大」は布団の上に寝て身を寄せる人文字を表す。それに部首「心」が付き、人に心を寄せるところから〝あわれむ・めぐむ〟の意となった。また「恩」は万物形成の根本原因である拠り所に心を寄せるところから〝感謝〟の意を表すようになった。

つまり【報恩】とは、あらゆるものから受けた恵みに報いるための感謝である。

〈法義〉

―仏教は因果の道理を根本教義として【恩】の思想に発展させ、報恩感謝の心を説く教えと言われている。【報恩】と言えば、開祖親鸞聖人の「報恩講」が挙げられる。この法要はご正忌とよばれ真宗最大の年行事である。「報恩講」は親鸞聖人のお祥月命日（宗派により旧暦・新暦を採用）を縁に勤め、そのお徳を偲び【恩】に【報】いる感謝の仏事である。そしてこの法要中、全国の門信徒が団体で多数上山し参拝している。ご開山聖人は信心を喜ぶ念仏者として、生涯かけて真実の教えを弘め導いてくださった。聖人は仏さまの必ず救うとのお呼び声であるお念仏のいわれを、あらゆる人々に伝えるためご苦労された。そうした称名念仏はあくまでも【恩】に報謝するためのものである。

そこで称名念仏の意義と方法について、蓮如上人の『御文章』で深く味わってみることにしよう。

まず意義について「―称名念仏は如来わが往生を定めたまいし、御恩報尽の念仏と心得るべきなり―」(五帖第10通)と「―かくのごとく心得ての後は、弥陀如来の他力の信心を我らに与えたまえる御恩に報じたてまつる念仏なりと心得るべし―」(一帖第13通)で、いずれも御恩に報いるためのものであると申されている。次はその方法について「―たとい行住坐臥に称名すとも、弥陀如来の御恩を報じ申す念仏なりと思うべきなり―」(一帖第2通)で、称名念仏は歩いたり止まったり、座ったり横になって臥したり、四六時中、また、「この有難さの弥陀の御恩をば、如何にして報じたてまつるべきぞなれば、ただ寝ても起きても、南無阿弥陀仏と称えて、かの弥陀如来の仏恩を報ずべきなり―」(五帖第22通)で、寝ても覚めてもひたすら南無阿弥陀仏と。更に「―かくのごとく心得るうえには、昼夜朝暮に称うるところの名号は、大悲弘誓の御恩を報じたてまつるべきばかりなり―」（二帖第7通）で、昼夜朝夕を問わず一日中と。極めつけは「―御たすけありつるかたじけなき御恩報謝のために、我がいのちあらん限りは、報謝のためと思いて、念仏申すべきなり―」（一帖第3通）で、命のある限り念仏申すべきだとお示しいただいている。

このように**【報恩】**のお念仏は、いつ・どこでもいのち尽きるまで感謝の声となって称えられるものなのだ。それは仏さまが四六時中救わずにおれぬとおはたらきくださるお呼び声なのである。そのお呼び声は日々殺生せずにおれぬ罪悪深重の凡夫に、分け隔てなく届いてくださる。親鸞聖人がお正信偈で「**極重悪人唯称仏**」と、罪深い悪人は、ただ南無阿弥陀仏のお念仏を称えよと申されている。

「罪」の解字は網を示す「罒」（モウ）と、あやまちを表す音符「非」とで成る。「非」は鳥の羽が開いた形で、左右たがいに背を向けているところから転じて〝そむく〟意となり、合わせて背いた悪人を法の網にかけることを表す意となった。私たちは否が応でも罪を犯さずにおれない悪人であるがゆえ、当然その報いとして〝手錠〟を掛けられる極悪人なのである。親鸞聖人は『正

信偈』で「**一生造悪値弘誓**」とお示しいただき、一生悪を造り続けても、仏さまの広大無辺の誓願に出会いおまかせするならば、必ずお浄土に救われると申されておられる。そうした悪を造り続けなければ生きていけない凡夫を、仏さまは見捨てず我にまかせよと諭されている。だからこそ私たちはおかげさまとただひたすら感謝せずにおれない。おかげさまと喜びいただくつとめ、それが【報恩】なのである。

解字 21【称名】（しょうみょう）＝仏名を念じてたたえよう

〈字義〉―①【称】②（稱）③ショウ④とな―える・たた―える⑤のぎへん（禾）⑥形声文字⑦称える・讃える・呼ぶ・誉める・適う・はかり（秤）⑧旧字「稱」は部首「禾」と音符「爯」（ショウ）とで成る。「禾」は稲穂が垂れている草の象形で、「爯」はつめかんむり(爫)で、爪の生えた手で物をつかむ形、「」は穀物を天秤で持ち上げる形を表す。合わせると「稱」は稲の束を持ち上げ、声を出して数えるところから「あげる・となえる」意を表す。また「秤」は「稱」の俗字で、天秤で「計る」意にも用いられた。

―※【名】は解字２で前述したので省略する。

つまり【称名】とは、暗闇に迷う者が声を出して名前を称えることである。

〈法義〉―『仏教辞典』で【称名】とは①「口に出して仏の名を称え、心に念ずること」②「阿弥陀仏の名を口唱すること」とある。『広辞苑』には「唱名に同じ。唱名は仏の名号を唱えること＝念仏」と書いてある。ここで《となえる》の同訓異字である「唱」の解字について触れておこう。「唱」は形声文字で部首「くち（口）」と音符「昌（ショウ）」とで成る。「昌」は太陽の光を放つ日の象形が二つ重なっているところから「盛ん」の意を表す。よって「唱」は声高で節を付けて盛んに歌うことである。その用語例として「歌唱・合唱・唱和」があり、更に短いことばを大声で叫ぶ「万歳三唱」などがある。しかし【称】の字は「称賛・敬称・呼称・愛称」など、異なった用法もある。浄土宗の法然聖人は「―**念はすなわちこれ唱なり**―」と言われ、ひたすら念仏を盛んに唱える意に用いられている。それに対し、親鸞聖人は引用文以外で一度も「唱」の文字は用いられておられない。なぜなら【称名】はお名号である「南無阿弥陀仏」のお徳を称（たた）えられているからだ。つまり【称名】とは仏徳讃嘆であり仏恩報

解字　21【称名】(しょうみょう)＝仏名を念じてたたえよう

謝に他ならない。

浄土門で仏さまの名前を称えることは、お浄土に往生するための《因》でなく、「南無阿弥陀仏」のお名号そのものに往生の《果》を得るものと説かれている。だから【称名】は仏さまのお救いくださる仏恩に感謝するつとめなのである。『仏教辞典』で「称名正因」とは「**口に阿弥陀仏の名号を称える時、往生定まるをもって信心と称名とは一なり**」と。また「称名報恩」とは「**往生浄土の正因として、この信心決定の後に名号を称えるのは、救済に対する仏恩報謝の念仏である**」と説明され、仏さまのお徳を称賛することなのだ。

ところで、一般的に念仏を唱えることは、故人の成仏を願ったり、霊を慰めたり、自分の精神修養や特別の願い事がかなうようにするためと思われている。しかし本来は仏さまやご先祖をはじめ、万物への報恩感謝として称えるものでなければならない。親鸞聖人は『歎異抄』で「**―父母の孝養のためとて一遍にても念仏申したること未だ候はず―**」と申されておられる。聖人は追善供養のために称名念仏は一度もなく不要とされた。そのお心は広大無辺の仏恩を報謝するための仏徳讃嘆であったからだ。

次は以前同僚の親が往生され、通夜に参った時の体験談である。読経の後半お導師より「同称十念」と申され、一同お念仏が十回となえられた。そのとき私の念仏が十回に満たなかったことに対し、同僚から指摘を受けた。そのわけは「十回でないとご利益がない」ということであった。その事例として京都の中心に位置する十字路に〝百万遍〟という地名をあげられた。称名念仏はその名の由来の通りたくさん称えるとのことであった。称名念仏は数の多少により往生浄土が定まると言うように聞こえた。『世界大百科事典』では「同称十念とは僧が信者に十念を授けて阿弥陀仏と縁を結ばせる。僧と信者が同時に十遍唱える」と書いてある。その心は念仏の功徳を他人にまでふり向け、一緒に往生したいと願うものとされる。つまり自力聖道門の教えに基づく考え方である。私は父親に「障害や高齢で思うように発声できない人がおられたらどうなる？」と尋ねた。すると父から「お念仏は声が出せなくとも数によらずとも、心を込めて有難くいただくこと」と諭された。また私の祖父が発声できない方の口元に手を当てがえながら、代わりに称名念仏していたことも明かされた。

『大無量寿経』上巻第十八願の文中に「**—至心信楽・欲生我国・乃至十念—**」ということばが出ている。このことについて親鸞聖人は『一念多念文意』で「—

乃至は多きをも少なきをも　久しきをも近きをも　先をも後をも　皆兼ねおさ

むることばなり」と申されている。「乃至」とは物の数の多少や、時間の長短や前後も、すべて含めるという意味と解釈されている。つまり称名念仏は数の多少にこだわり云々するものでないということである。無論「乃至」（ないし）の語は〝もしくは・または〟という意味で用いられていることでも明らかだ。真宗における読経も【称名】と同じで、時間の長短や量の多少によって有難さが価値判断されるものでない。長ければ長いほどご利益があるわけでなく、丁寧に有り難く頂戴することが何よりも大切である。「称」と「唱」の同音異字だけで、まったく意味のとらえ方が異なることに留意しなければならない。

ところで、法具である「数珠」の用い方が宗旨によって異なっているのをご存知だろうか。実は①数をかぞえるため②擦り鳴らすため③爪繰り回すため④手に掛けて合掌するため、の四種類ある。他宗では「数珠」の字が示すように数をかぞえるものである。しかし真宗では④の用い方から「念珠」と称している。このことからも真宗における称名念仏は決して数にこだわらない。その証に真宗本山の門前にある仏具店の看板には、確かに「念珠」と書かれ、決して「数珠」と表記していない。このようにひたすら仏徳讃嘆のため、仏名を念じお徳をたたえるつとめ、それが【称名】なのである。

解字 22【念仏】（ねんぶつ）＝ 仏のおもいにまかせよう

〈字義〉―①【念】②（　）③ネン④おもーう⑤こころ（心）⑥会意文字⑦思う・称える・慎む⑧「念」は部首「心」と音符「今」（ネン）とで成る。「今」は屋根を表す「へ」が物「一」をすっぽり包むさまとで「含」に通じる。

―※「仏」は解字1で前述したので省略する。

つまり【念仏】とは、心の中に長らく含み〝おもう〟ところから、仏を心に深くおもうことの意である。

〈法義〉―【念仏】を書き下せば「仏を念ずる」ことである。解字21で前述した「称名」と共に、仏さまのお徳を有難く心にいただくことである。言い換えれば「南無阿弥陀仏」のおはたらきを仏徳讃嘆し念ずることだ。【念】は「おもう」と訓読みするが、同訓異字の「思う」・「想う」・「憶う」と意味上から比較して味わってみよう。

「思う」＝部首「心」と、「田」は小児の脳を象形した音符「囟」（シ）とで成る。主に頭と心で考えることを意味する。

「想う」＝部首「心」と、音符「相」は「木」と「目」とで成り、木の姿を目で見るところから、主に心にものの姿形を見ることを意味する。

「憶う」＝部首「忄」と、「意」は「音」と「心」とで成り、主に心に音でとどめ覚えることを意味する。

果たしてこれらの「おもう」は仏さまを念ずることになるのであろうか。【念ずる】とは仏さまをただ考えたり見たり覚えたりするものでないはずだ。【念仏】の「おもう」は仏さまのお徳を有難く心にいただくものであるから、【念仏】には仏さまのお徳がいっぱい含まれているのだ。だからこそ私たちは【念仏】を称えて感謝せずにおれないのである。真宗は仏さまのご本願によって救われる教えであるから、報恩感謝の【念仏】であらねばならない。

蓮如上人も『御文章』の中で、【念仏】を報恩感謝として味わっておられる。

「**このうえには、何と心得て念仏申すべきぞなれば、往生は今の信力によりて、御たすけありつるかたじけなき御恩報謝のために、我がいのちあらんかぎりは、報謝のためと思いて念仏申すべきなり―**」(一帖第3通)。解釈すると、「このうえは、どのように心得て念仏申すべきかとなれば、浄土往生は信心のおはたらきによって、お救いにあずかる有難い御恩報謝のために、私のいのちのある限り、報謝のためと思って念仏申すべきである」と。更に「――このうえには、はやしかと御たすけあるべきことの、ありがたさと思いて、仏恩報謝のために、念仏申すばかりなり――」（四帖第10通）でも、「このうえは、確かにお救いくださるべきことが、有難いと思って、仏恩報謝のために念仏申すばかりである」とお示しいただいている。やはりその「おもい」は仏さまのお徳を胸いっぱいに含んだ報恩感謝なのである。【念仏】は救われるために思いを込めるものではない。【念仏】は仏さまの必ず救うおはたらきを、何の疑いもなくおまかせした時に、私の口から自ずと声となって届いたものなのである。だから【念仏】は仏さまにそのお救いをたのむのでなく、仏さまの必ず救うぞとの仰せをそのままはからいなくおまかせすることなのである。

私は長らくの間【念仏】は救っていただくために〝たのむ〟ものと誤解していた。しかしいつぞや仏法聴聞のおかげでその意味の取り違いに気付かされ、その真意がやっと明らかになった。その機縁は『領解文』「――一心に阿弥陀如来われらが今度の一大事の後生御たすけそうらえとたのみ申してそうろう。たのむ一念のとき、往生一定御たすけ治定と存じ、このうえの称名は御恩報謝と存じよろこび申しそうろう」にある《たのむ》の意味解釈であった。私はその語を、単純な口語訳によって〝頼む〟と誤釈していたのだ。そこで反省を込めて《たのむ》の同訓異義語と比較して、その真意を味わい直してみたい。

「頼む」＝旧字「頼」は音符「束」と「」は「刀」と「貝」の組む合わせで成る。「刀」は人の形で、「貝」の象形はで財貨を表し、人が財貨を背後に力とすることを表す。「束」は木を中ほどで縛ったを表し「たばねる」意である。合わせて利益で得た多くの財貨を束ね、当てにするところから「たのむ」意となった。

「憑む」＝部首こころ（心）と音符「馮」（ヒョウ）とで成る。篆書ではと書き、「」は氷の割れた象形を表し、それに象形の「馬」とで示す。つまり氷がひび割れしていく速さのままにまかせて、馬も速く走ることを意味する。だから「憑む」は心をその動きのまま受けとめるところから「まかせる」意を表す。

このように対比してみると、前者の「頼む」は相手に対しこちらの思いを願い、注文・依頼することである。それに対し、後者の「憑む」は相手からこちらに願いをかけられた思いのまま、もたれまかせることである。

類例をあげると、「後の留守番をタノむ」・「後々のことはタノんだよ」・「後生の一大事をタノむ」などは、いずれも「後」の文字を伴い安心して「まかせる」という意味である。

『高僧和讃』に「―念仏成仏自然なり―」と示され、【念仏】は私たちの心に自然と生ずるものであると。ただ数量や形にとらわれて称える自力【念仏】は、自らのはからいがはたらいている。しかし他力の【念仏】は一切のはからいを捨てるからおまかせするのである。【念仏】は唱えるものでなく、有難いお徳を讃嘆するものである。仏さまのおもいにおまかせするつとめ、それが【念仏】なのである。

解字　23【合掌】（がっしょう）＝胸に手を当てて省みよう

〈字義〉―①【合】②（　）③ゴウ・ガッ・カッ④あ―う・あわ―す⑤くち（口）⑥会意文字⑦合う（合致）・合わせる（照合）・集まる（集合）⑧「合」は部首「口」と音符「亼」（ゴウ）とで成る。「口」は容器のくちで、「亼」は蓋の覆いを表し、合わせて容器の口に蓋をするところから「合わせる」意を表す。

―①【掌】②（　）③ショウ④たなごころ・つかさど―る⑤て（手）⑥形声文

字⑦「掌」は部首「手」と音符「尚」（ショウ）とで成る。「尚」は吐き口の付いた高窓の形を示す「向」と、分散を表す部首はちがしら「ハ」とで成り、それに「手」が付いた文字である。立ち上る煙が高窓の両口から左右に分散し、外に放出する意を表す。ただし、訓読みの「たなごころ」は〝手な心〟で、手を胸に押し当てる意を表す。

つまり【合掌】とは、両手を合わせ胸に軽く押し当て、迷いの心を外に分散させる姿を表す。

〈法義〉—

【合掌】が仏事勤行の作法であることは言うまでもない。本派では念珠を両手の親指と人差し指との間にはさみ、親玉のある房を下に垂らすように掛けて、胸の前に当てる。ただし礼拝の仕方は仏教を信仰する諸外国や各宗派によってさまざまである。【合掌】は「ありがとう」・「こんにちは」・「さようなら」の日常挨拶の礼法とし、仏教発祥地印度で現に残っている。また東南アジア寺院の多くは「五体投地」と言い、両膝両肘と頭の五体、つまり全身を地につけ、【合掌】した手を頭上に掲げ仏像の足下を拝礼している。これは「接足礼」とか「頂礼」と申し最高の礼法だと言われている。

実は中国に行った時、やはり信者が地面に敷かれた長方形の布団にひざまずき、何度も何度も頭を上げ下げしていた。思わず自分も〝郷に入れば郷に従え〟で同様に礼拝したことがある。その時私は参拝者が姿勢を起き上がらせ、【合掌】した両手を胸元でなく、口元に当てていたのを見かけた。その作法に違和感をおぼえた私は現地案内人に尋ねてみた。「中国では合掌しながら祈りをささげ、願い事をしているのはなぜか」と。そのわけは両手で合わせた10本の指を「十」と書き、口の前に当てた漢字を〝叶〟と書くからと説明してくれた。なるほど「叶う」の字は確かにそう成っている。だから叶えてもらえるよう願い事をしている姿だったのだ。つまり中国寺院では仏像を神さまと同じように願い事をするための対象にしているのだ。ただし『漢和辞典』で「叶」は十人の述べた意見が合うことから、「協」の古字と解字されているので補足しておこう。

我が国における【合掌】の姿をつぶさに観察してみると、確かに神前では顔の前や口元に両手を当てている。また自分が他人に深刻な頼みごとをする時も、やはり同じ高さで合掌しているように見受けられる。更に平身低頭謝っている時の姿もこれしかりである。そういえば、ときどき大谷本廟でも大香炉の煙を頭や胸に撫で下ろし、口元で合掌している姿も恥ずかしながら窺える。

【合掌】の手の置き場所について『實悟記』では「仏を拝む手をあまり上げたるも悪し、又あまり下げたるも悪しきなり、袈裟の結び目に手を置くべし」と示されている。本来の【合掌】は【掌】を「たなごころ」と読むように、手を心に当てるわけだから、口元でなく胸元でなければならない。「手綱」を〝たづな〟「手繰る」を〝たぐる〟「手向ける」を〝たむける〟と読むように、【掌】も「手な心」〝たなごころ〟と読み、やはり手は心の前に当てるものだ。幼少のころ悪ふざけをした私に「しっかり胸に手を当てて考えよ！」と反省させられた。「胸襟を開く」も胸に手を当て、心の中の思いをすべてさらけ出すことである。【掌】の解字と同様に、「尚」は心の窓を開き、迷いの煩悩を外へ分散させる文字である。つまり【合掌】の姿は、よく考え改め直すことで、まさしく意に沿った漢字だと言える。

【合掌】は単に手を合わす作法のみならず、相手に対して礼を尽くす作法でもあるはずだ。それは「拝む」という行為が必ず伴っているからだ。「拝」の旧字「拜」は部首てへん（手）と、供え物を象形する丰とで成る。供物を神仏にささげる作法から「おがむ」とか、ひいては「お辞儀をする」という意を表す。また「礼」の旧字「禮」も、部首しめすへん（示）は神にささげる祭壇の象形を表すと、音符「豊」（レイ）は盛り上げた穀物の稲穂を象形する「曲」の下に、蓋の付いた長足の食器を表す「豆」とで成る。いずれも神前に供え物をする儀礼作法を言う。したがって神前で掌を合わすことは、あくまで尊崇の拝礼である。このように神前と仏前とは両掌を置く位置が違うことによって、その意味合いを異にしている。神前では祈願成就する礼法であるのに対し、仏前では報恩謝徳の礼法である。

参拝時には仏前に生花・蝋燭・薫香の供え物をする。それは生きとし生けるすべての恵みに感謝する報恩の供物である。私たちは供え物と共に仏徳を讃嘆し、心に手を当て人生を問い直す。この報恩行はまさに仏さまのおはたらきによるものである。だから【合掌】は感謝せずにおれない報恩の作法なのである。そして【合掌】には必ず報恩謝徳の「南無阿弥陀仏」が自ずと伴って出てくる。報恩・称名・念仏は【合掌】に不可欠な礼法であるから、単なる形式的に済ませてはもったいないことである。

『蓮如上人御一代記聞書』（本願寺現代語訳版）に「**口に念仏し身に礼拝するのはまねをすることができても、心の奥底はなかなかよくなるものではない。だから、力の及ぶ限り、心をよくするようつとめなければならないのである**」と。

胸に手を当てて省みるつとめ、それが【合掌】なのである。

解字　24【勝縁】（しょうえん）＝願船のご縁をいただこう

〈字義〉—①【勝】②（　）③ショウ④かーつ・まさーる⑤ちから（力）⑥形声文字⑦堪える・勝る・上げる⑧「勝」は部首「力」と音符「劵」（ショウ）とで成る。「勝」は篆書でと書き、「月」はもと「舟」の象形である。「劵」は「火」を左右から両手で「力」を入れて持ち上げている形を示している。そこから転じてすぐれる意の「勝る」とか、よく持ちこたえる意の「堪える」とか、盛大にとつとめあげる意の「上げる」などに用いられる。

—①【縁】②（）③エン④ふち⑤いとへん（糸）⑥形声文字⑦ふち（縁どり）・えにし（縁故）・よる（因縁）・ゆかり（由縁）・たどる（縁起）⑧「縁」は部首「糸」と、音符「」（エン）とで成る。「」は大きな頭「」の下に腹の垂れ下がった豚「」の象形である。つまり糸で織った布の端が垂れ下がっているところから、〝はし・ふち〟の意を表すようになった。

〈法義〉—親鸞聖人の七百五十回大遠忌法要が、平成二十三年から二十四年にかけて各本山で盛大に修行された。全国の門信徒がこの尊いご縁に会おうと、国内はもとより外国からも多く団体参拝された。こうした大法要への参拝を推進した当局はもとより、末寺住職も「――**この尊いご勝縁に是非お会いしましょう！**」と案内された。またご消息でも「――**このご勝縁に、聖人のご苦労をしのび、お徳を讃えるとともに…**」と、【勝縁】という言葉が用いられた。

普段の仏事では単に「ご縁」とか「ご仏縁」と言い、聴聞の折には「ご法縁」と用いている。でもなぜ大法要に限り【ご勝縁】と言うのだろうか。その用法解釈には三通り考えられそうだ。

（1）五十年ごとに一度の特別法要だと「**他にも勝るまたとないご縁**」

（2）七百五十年という長きに亘ってご相続されてきた法要だと「**永く持ち堪えてきたご縁**」

（3）半世紀いや一生で一回の法要だと「**盛大につとめあげるご縁**」

【勝】の解字をもう少し補足説明すると、【勝】は「朕」と「力」との合字でもある。部首「舟」を海面より持ち上げる力から「浮力」の意を表す。したがって「朕」の部首は空に浮かぶ「月」でなく、肉月（にくづき）でもない、水上に浮く「舟」を表している。これが後に自分で自分を持ち上げるところから

「朕」(チン)という第一人称として用いられた。それで高貴な皇帝や天皇が自らをそのように名乗ったことで知られる。【勝】の甲骨文字では最初両手を示す上が「竿」を表していたが、後「火」に変わったらしい。だから「朕」はもと竿を持って舟を操り漕ぐところから、船頭のように民衆の先頭に立って人々を導く人物を尊称した文字であった。「朕」の類字に、価格が上がる「高騰」や、蔓(つる)が上に伸びあがる花「藤」などがある。こうした解字の成り立ちから考察すると、【勝縁】は〝舟を両手で力を入れ持ち上げてきた因縁〟と解釈できる。言わば、その舟はまさに必ず救うとの仏縁をいただく〝願船〟と言える。そしてその船頭は衆生を救わずにおれぬとおはたらきくださっている阿弥陀仏なのだ。両手に持ち上げられた竿は、私たち衆生の先頭に立って導いてくださる漕ぎ棒である。苦海に浮かぶ願船は罪悪深重の凡夫を分け隔てなく乗せ、極楽浄土へ渡らせる大きな乗り物だと味わえる。

荒れた群生海は迷いに満ちた娑婆世界であり、煩悩によって濁った苦海である。『正信偈』にはこの海を「**五濁悪時群生海**」と、また『高僧和讃』でも「**生死の苦海ほとりなし、久しく沈める我らをば、弥陀弘誓の船のみぞ、乗せて必ず渡しける**」とお示しいただいている。

ここで「海」の解字に触れておこう。「海」は部首さんずいへん（氵）と音符「毎」とで成る。実は旁の「毎」が〝広く・深く〟の他に〝暗い〟ことを意外と知らないでいる。同義の類字には月の出ない暗い闇夜の「晦日」とか、暗くて視野にも入れない「侮る」などがある。確かに親鸞聖人も『正信偈』では悟りに満ちた〝広く・深い〟世界を「本願海・功徳の海」、一方、迷いに満ちた〝暗い〟世界を「群生海・苦海」とされている。

【勝縁】の「舟」はその苦海から本願海へ渡す願船なのである。親鸞聖人は『愚禿悲嘆述懐和讃』の中で「**小慈小悲もなき身にて、有情利益はおもうまじ、如来の願船いまさずば、苦海をいかでか渡るべき**」と詠じ、小慈悲すら持ち合わせていない衆生は、阿弥陀如来の本願の助け船がなかったなら、どうしてこの迷いの世界を渡ることができようか、いやできないと嘆かれておられる。

【勝縁】という用語は『一念多念証文』の冒頭に「**―恒願一切臨終時、勝縁勝境悉現前―**」とある。**【勝縁】**・「勝境」の意味について「**勝縁勝境というのは、仏のお姿も拝見し、その光明も見、すばらしい香りもかぎ、善知識の導きにも出あいたいと思えということである**」『浄土真宗聖典』（現代語版）と解釈されている。ここで味わう**【勝縁】**は仏さまと次第相承の善知識であるお導きに出会う縁である。このことは『領解文』にも「―**御開山聖人御出世の御恩、次第相承の善知識のあさからざる御勧化の御恩と、ありがたく存じそうろう**―」と示され、親鸞聖人がこの世にお出ましになられた御恩であり、更に仏教の真実の道理を説いて縁を結ばせ、代々その教えを受け継がれた高僧方のご教化のおかげと味わわれている。

やはり親鸞聖人大遠忌法要を【勝縁】と言われる所以は、五十年いや七百五十年にわたりご相続されてきたからであろう。〝継続は力なり〟と言われるように、釈尊によって開かれた仏の教えは二千数百年続く縁の力である。大遠忌法要の【勝縁】は親鸞聖人のみにとどまらず、釈尊ならびに次第相承の高僧方に対する御恩報謝のご縁と心得なければならない。阿弥陀如来さまが衆生を必ず救い続けるとの本願力は、高僧方のご教導によって永く支えて来られた力のおかげでもある。今日まで迷える衆生を本願の船に乗せて来られた力は量り知ることができない。私たちは大遠忌法要を「他にも勝るまたとないご縁」・「永く持ち堪えてきたご縁」として、盛大にお勤めさせていただいたわけである。そうした願船のご縁をいただくつとめ、それが【勝縁】なのである。

〈四〉「煩悩」＝まよい

〈四〉「煩悩」＝まよいの項は、仏さまの光明に照らされた私の愚かな心を列挙したもので、あえて〈法義〉は控え〈字義〉のみに留めることにした。

解字

25【煩悩】（ぼんのう）＝ 炎の如く燃え盛る頭と心

〈字義〉―①【煩】②（ ）③ボン・ハン④わずらわーしい⑤ひへん（火）⑥会意文字⑦煩う・苦しむ・苛立つ・乱れる・焦る・悶える⑧「煩」は部首「火」と頭を表す旁「頁」とで成る。「火」は熱を示し、発熱で頭が痛むところから「わずらう」意を表す。

―①【悩】②（惱）③ノウ④なやーむ⑤りっしんべん（忄）⑥形声文字⑦悩む・思い煩う・苦しむ・迷う・怒る・恨む・腹を立てる⑧旧字「惱」は部首「心」と音符「𡿺」とで成る。「𡿺」は頭に髪の毛の生えた象形巛と、まだ上部が開いている乳児の丸い頭蓋骨の象形⊗で、「まつわる」意を表し、「脳」の原字である。

つまり【煩悩】とは、炎の如く燃え盛る発熱で頭痛がし、心にまつわりつくところから、「思いなやます」・「心を迷わせる」意となった。

◎**【煩悩】＝衆生の心身を悩ませ煩わせる心のはたらき。**

解字　26【貪欲】（どんよく）＝財貨にむさぼり溺れる心

〈字義〉―①【貪】②（　）③ドン・トン④むさぼ―る⑤かい（貝）⑥会意文字⑦貪る・欲張り・探る⑧「貪」は部首「貝」と「今」とで成る。「貝」は財貨を示し、「今」は屋根の象形「∧」の蓋が、ものを示す「ラ」をすっぽり覆い包むさまから「含」に通じ、財貨をすべて蓋で隠し貯め込む、欲深い心を表す。

―①【欲】②（　）③ヨク④ほし―い・ほっ―する⑤あくび（欠）⑥形声文字⑦欲する・欲張り・望む・貪る・願う⑧「欲」は部首「欠」（あくび）と音符「谷」（ヨク）とで成る。「欠」は人が口を開けた象形で、「谷」も口を開く「八」を重ねた形を表し、いずれも空腹を満たそうと大きく口を開くさまである。

つまり【貪欲】とは、人が開いた口に物を入れようとするさまから、「ほしい」・「むさぼる」意となった。

◎【貪欲】＝非常に欲が深くむさぼって飽くことを知らない心のはたらき。

解字 27 【瞋恚】（しんに）＝目にあまる怒りと恨む心

〈字義〉— ①【瞋】②（　）③シン④いか—る⑤めへん（目）⑥形声文字⑦怒る・目をむく・睨みつける⑧「瞋」は部首「目」と、音符「眞」とで成る。「眞」は解字11「真理」で前述したように、さじで物をいっぱい詰め込む意を示す。目をむくほどいっぱい腹が立った時の心で「いかる」意を表す。

— ①【恚】②（　）③イ・ケイ・エ④いか—る⑤こころ（心）⑥形声文字⑦恨む・怒る・⑧「恚」は部首「心」と音符「圭」（ケイ）とで成る。「圭」は下が四角で上が尖った玉の象形で「角が立つ」を表す。

つまり【瞋恚】とは、心がいっぱい腹立ち穏やかでないところから、「怒る」・「恨み」・「憎む」意となった。

◎【瞋恚】＝自分に逆らう者を激しく怒り憤る心のはたらき。

解字 28【愚痴】（ぐち）＝言っても仕方ない繰り言で嘆く心

〈字義〉―①【愚】②（　）③グ④おろ―か⑤こころ（心）⑥形声文字⑦愚か・馬鹿・侮る・自分⑧「愚」は部首「心」と音符「禺」（グ）とで成る。「禺」は猿に似たなまけもの類の尾長猿の形で、不活発でにぶい動きを示す。心の働きがにぶいところから「おろか」の意を表す。

―①【痴】②（癡）③チ④　⑤やまいだれ（疒）⑥形声文字⑦愚か・迷う・狂う⑧旧字「癡は」部首「疒」と音符「疑」（チ）とで成る。「疒」は寝台の象形と、その上に寝ている人「亠」を示す。「疑」の「」は人が背伸びして後ろを振り向いている姿、「」は子供を示す「マ」と足の形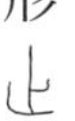「止」とで成る。にぶい子供が路上でどちらに行けばよいか足を止めて、キョロキョロ周囲を見回すところから「迷う」・「愚か」の意を表す。

つまり【愚痴】とは、心の働きがにぶく疑うあまり、言っても仕方ない愚かな繰り言の意となった。

◎**【愚痴】＝言っても仕方のない繰り言で嘆く心のはたらき。**

解字 29【執着】（しゅうじゃく）＝ 深くものに執りつかれる心

〈字義〉― ①【執】②（ ）③シュウ・シツ④と—る・とら—える⑤つち（土）⑥会意文字⑦執り着く・こだわる・執り行う・捉える⑧「執」の「幸」は解字20「報」で前述したように手枷を示し、「丸」は体を丸めて跪く姿とで成る。手枷をずっとはめられたまま跪いている姿から「とりつかれる」意を表す。

― ①【着】②（著）③チャク・ジャク④つ—く・き—る⑤ひつじ（羊）⑥形声文字⑦くっ着く・着る・落ち着く⑧「着」は「著」の俗字で、部首「艹」と音符「者」（チャク）とで成る。「艹」は草の繊維で作られた衣服を示し、音符「者」は集める意を示す。

つまり【執着】とは、草の繊維でつくられた衣服を集め、ずっと身に着けるところから「とりつく」意となった。

◎**【執着】＝深く思いをかけて、なかなか断念できない心のはたらき。**

解字　30【殺生】(せっしょう)＝生きものの命をうばう心

〈字義〉―①【殺】②( )③セッ・サツ③ころ―す④るまた(殳)⑤会意文字⑥殺す・滅ぼす・死ぬ⑧「殺」は部首「殳」と音符「乂木」(セツ)とで成る。「殳」は先の太い棒のような武器を手に持つ形から、「叩く・打つ・殴る・壊す」などの意を表す。「乂木」は猪(イノシシ)などの動物の象形を示す。合わせて動物を棒で激しく打つところから「殺す」意を表す。

―①【生】②( )③ショウ・セイ④い―きる・は―える・お―う・う―む・なま・き⑤うまれる(生)⑥象形文字⑦生きもの・生命・生える・生う・生む・生もの・生一本⑧「生」は草木が地上に芽生える形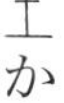から「生きもの」の意を表す。

つまり【殺生】とは、生きものの生命を武器でうばうところから「残酷でむごい」意となった。

◎**【殺生】＝いのちある生き物をころすむごい心のはたらき。**

解字 31 【愛憎】（あいぞう）＝ 深く愛することと憎む心

〈字義〉―①【愛】②（㤅）③アイ④めで―る・おし―む⑤こころ（心）⑥形声文字⑦愛する・愛でる・慈しむ・哀しい・可愛がる・恋い慕う⑧「愛」の本字は「㤅」と書き、部首「心」と「旡」とで成る。「旡」は腹いっぱい食べて後ろにのけ反った姿を示し、「心」が付いて胸いっぱいの切ない心から「哀惜」の意を表す。

〈字義〉―①【憎】②（　）③ゾウ・ソウ④にく―む⑤りっしんべん（忄）⑥形声文字⑦憎む・気に食わない⑧「憎」は部首「心」と音符「曾」（ソウ）とで成る。「曾」は蒸し器の下に水を入れた容器の上に、甑（こしき）の象形を重ね、その上部から湯気がのぼるさまを示す。

つまり【愛憎】とは、甑をいくつも重ねるように、哀惜のつのる思いが増すところから「愛することと憎む」意となった。

◎【愛憎】＝**愛することと憎む心のはたらき。**

解字 32【濁悪】(じょくあく)＝ 罪悪に満ちてよごれた心

〈字義〉―①【濁】②（　）③ジョク・ダク④にご―る⑤さんずいへん（氵）⑥形声文字⑦濁る・汚れる・乱れる⑧「濁」は部首水「氵」と音符「蜀」（ショク）とで成る。「蜀」は目の大きな蛾の幼虫で、芋虫や毛虫の形を示す。それに「虫」の字が付いたもの。この虫は葉にくっつくと引っぱってもなかなか離れない。そこに「水」が加わると、汚れたままずっと滞り「濁る」意を表す。

―①【悪】②（惡）③アク・オ④わる―い⑤こころ（心）⑥形声文字⑦悪い・醜い・憎む・不快・汚い⑧「悪」は部首「心」と音符「亞」（ア）とで成る。「亞」は古代の墓室の象形で、墓前に臨んだ時の不吉な心から「わるい」意を表す。

つまり【濁悪】とは、汚れ濁った心が一生離れず付きまとう「煩悩具足」を表し、「罪悪にとりつかれた心」の意となった。

◎**【濁悪】＝汚れや罪悪にいつまでもまつわり付く心のはたらき。**

《おわりに》　『漢字は表意なり』

このたび《字解きで学ぶ仏教語》と題して筆を執り始め、毎日が辞書と首っ引きの学習であった。その間『一字は多義なり』を念頭に、一字一字を紐解いていく内、抽出した仏教語も単なる知識でなく、仏さまの尊い智慧として味わうことができた。『漢字は表意なり』と再認識させられた。今までふり仮名に頼ってきた読経の姿勢に自省するばかりである。経文の解字をすべて生涯かけて法味愛楽することは不可能である。でも一つ二つと字解きを重ねる中、読経に親しみをおぼえるようになったことは有難いことであった。

本書の構成にあたっては、**仏**（真理を体得したさとり）**法**（仏の説く真実のおしえ）**僧**（仏の教えに従うつとめ）の『三宝』に加え、最後に自らの罪悪深重の凡夫・煩悩具足の凡夫の姿『煩悩』（まよい）を露呈させていただいた。本書では個々についての断片的な記述内容に終始したため、ご法義も深まらず不充分なお取次ぎであったことを恥じると同時に、心からお詫びを申し上げたい。今後この小本がおひとり様でも目に触れられることを願い、読経に親しむご縁になることを念ずる次第である。

最後に参考書籍・著者より無量のご教導を賜った諸兄師に対し、深甚の御礼を申し上げ、ここで筆を置くこととする。

合掌

《字源索引早見表》（五十音順）※数字は記載ページ

《参考文献目録》

『新漢和大字典』（文進堂刊）
『漢和中辞典』（岩波書店刊）
『漢語林』（大修館書店刊）
『字通』（平凡社刊）
『漢字典』（旺文社刊）
『字源辞典』（角川書店刊）
『漢字語源辞典』（学燈社刊）
『仏教辞典』（東成出版社刊）
『広辞苑』（岩波書店刊）
『国語辞典』（旺文社刊）
『字源物語』（明治書院刊）
『続字源物語』（明治書院刊）
『漢字の字源』（講談社現代新書刊）
『漢字の話』（徳間書店刊）

『漢語と日本語』（秀英出版刊）
『仏教事物由来伝説の研究』（顕道書院刊）
『一念多念証文』―現代語訳（本願寺出版社刊）
『蓮如上人御一代記聞書』―現代語訳（本願寺出版社刊）
『歎異抄』―現代語訳―（本願寺出版社刊）
『御文章ひらがな版』（本願寺出版社刊）
『親鸞和讃』（日本放送協会刊）
『こころのかけはし』―文字のこころ―（仏教伝道協会刊）
『ことばの知識百科』（主婦と生活社刊）
『仏教早わかり百科』（主婦と生活社刊）

著者紹介

松下　雅文
浄土真宗本願寺派祐西寺前住職
元東山学園国語科教諭
著　書　『現代語訳正信偈』共著（探究社刊）
　　　　『現代文正信偈』

字解きで学ぶ仏教語

平成27年3月10日　初版印刷
平成27年3月20日　初版発行

著　者　松下雅文
発行者　西村武雄
発行所　株式会社 探究社
〒600-8268 京都市下京区七条通大宮東入大工町124-1
TEL 075(343)4121　FAX 075(343)4122

印　刷　一進印刷株式会社

落丁・乱丁はお取り替えします。
ISBN978-4-88483-959-8 C0015